黄泉つなぎ百物語

目次

月の無い夜、怪しき譚《はなし》を好む輩《やから》が「百物語に興じよう」と荒れ寺の本堂へ集まった。
辺りはいちめんの闇。蝋燭の揺らぐ灯。
ヒトではないものも混じっているかもしれないな——誰かがそう嘯《うそぶ》いた刹那、
ひとりの男が「では、私の譚から」と口を開いた。
こうして——長い長い夜がはじまった。

第一夜　山にて

黒木あるじ

「若いころの話だよ」と前置きして、山形の老人がこんな出来事を教えてくれた。

ある日、半ば思いつきで裏山へ足を向けたのだ――と彼は云う。日常からつかのま逃げだしたのか、独りで考える時間がほしかったのか。あるいは山に呼ばれ、なんとなく赴いたのか――理由については教えてくれなかったが、ともあれ彼は山へ入って枯れ枝をのろのろと集め、日が暮れるころに薪で火を起こし、暗がりのなか、じっと炎の前に座っていたのだそうだ。

と、ぼんやり紅蓮《ぐれん》を眺めているうち、ぱちぱち爆《は》ぜる火中に妙なものが見えた。知らない男の顔が、一瞬だけあらわれては消える。何度も。何度も。

男は、炎をまたいだ向こう側に這いつくばり、こちらを見上げるような姿勢であった。念のため確認したものの、もちろん自分のほかに人など居るはずもない。

怖い――とは思わなかった。

なにせ山なのだから、おまけに夜なのだから、こういうことも珍しくないのだろう。思うに自分は、妙なものを「見たような気」になっているだけなのだろう。男性はおのれをそのように納得させ、ごろりと横になった。

翌朝、目を覚ました彼は下山の支度をはじめる。とはいえ荷物などほとんどないから、山火事など起きぬよう焚き火の跡をていねいに踏み消すだけである。

ふいに——ぱき、と妙な感触が靴底に伝わった。

首を傾げつつ焚き火跡を見てみれば、消し炭のなかに焦《こ》げた小動物の骨が混じっている。それも一匹や二匹ではない。ざっくり勘定しただけでも、ゆうに二十はくだらなかった。

もしや、昨夜燃やしていたのは枯れ枝ではなく獣の骸《むくろ》だったのか。しかし何故、自分はそれに気づかなかったのか。無数の骨と昨日の男には繋がりがあるのか——なにもわからぬまま、男は山を下りた。

帰ると、飼い犬が急死していた。家族によれば前の晩、なにかに怯えていたかと思うや、突然息絶えたのだという。

愛犬は庭の隅《すみ》に埋葬した。そこは、いまでも草が生えない。

第二夜　先輩

営業のK

佐藤さんはその頃、仕事が全く上手くいかず転職まで考えて悩んでいた。

ひとつ歯車が狂いだすと他にも影響が出るようで、家族やプライベートでも嫌な事が続き、酷い孤立感に苛まされていたのだという。

そんな時、以前勤めていた会社の先輩から電話がかかってきた。

それほど親しかった訳でもなく、なにより数年前に変更した携帯番号を教えた記憶がなかったので、彼は少しだけ違和感を覚えたという。

しかし呼び出されて会ってみれば、先輩は当時と少しも変わっておらず、そのことに彼は驚いた。もう十年以上経っているというのに先輩は当時のままというか、全く歳をとっていないかのように見える。

なにより、久しぶりに会った彼に対し、とても親身に接してくれたのだという。

楽しい場所にも連れて行ってくれたし、食事や飲みに行く際は全て先輩が奢ってくれた。

こんな素晴らしい人だと分かっていたなら、当時からもっと親密に付き合っておけば良かったな……。

彼は少し後悔し、反省したという。

だから、彼は正直に今抱えている悩みを打ち明けて相談したらしいのだが、その時も先輩はじっと彼の眼を見ながら優しく笑っているだけだったという。

しばらくして、その先輩から電話がかかってきた。

すごく良い会社を紹介できそうだから今から駅で待ち合わせできないか？

そんな内容だった。

彼は即答でＯＫすると、すぐに準備をして指定された駅へと向かった。


彼が覚えているのはそこまでだという。

一時間後、彼は駅の救護室で目を覚ました。

その駅を通過する特急に飛び込もうとしていたところを駅員に助けられたのだと知った。


彼は全く訳が分からなかったそうなのだが、それから先輩に連絡を取ろうとしても電話は繋がらず、調べてみるとその先輩が一昨年、別の駅で電車に飛び込んで自殺していたことを知った。

道連れにしたかったのかもしれないが、どうしてたいして親しくもなかった自分が選ばれたのか……。

それだけがどうしても分からなかったという。


恐ろしくなった彼はすぐに携帯を買い替え、番号も変えたというが、それから半年位が過ぎた今、またその先輩からの電話がかかって来ているそうである。

第三夜　暗がりに浮かぶ

夜馬裕

喜代美さんは祖父母に育てられた。物心ついた時はすでに両親は亡くなっており、母親代わりだった祖母に両親のことを尋ねても、「あんたは知らんでええ」と何ひとつ教えてもらえなかった。祖父はそもそも無口で、幼い喜代美さんとは言葉を交わすことすら稀《まれ》だった。

祖父母は、山に囲まれた土地で暮らしていた。古い木造の平屋住まいで、便所は当時でも珍しい汲み取り式であった。夜になると辺りが真っ暗になる生活に慣れ親しんでいたせいで、喜代美さんは中学生まで暗闇が怖くなかった。便所は母屋から少し離れた場所にあるのだが、夜中に一人で用を足しても、まったく恐怖を感じなかったという。

彼女が中学三年生になりたてのある晩、酷《ひど》い寝苦しさに目を覚まして深夜の便所へ向かった。内部は電球ひとつに薄く照らされるだけで、部屋の隅や天井には暗闇が広がっている。屈みこんでふと見上げると、目線のすぐ先の闇に、男と女の顔がそれぞれ一つずつ浮かんでいた。

一切、声はない。ただそれでも、狂ったように大笑いしているのはわかる。

そして笑いながらも、強い憎悪を込めた目つきで、こちらをじっと睨《にら》みつけてきた。

悲鳴を上げて母屋へ逃げ戻ると、聞きつけた祖父母が起きてきた。いま見たものを話すと、祖母は厭そうな顔で、「アレはあんたの両親や」と吐き捨てるように言った。普段は無表情な祖父がこの時は嬉しそうな表情を浮かべ、「便所がお似合いの奴らや」と笑った。

それ以上は何を訊いても教えてくれなかったが、後日祖母から、「アレを見えるようになったんや。これからは気いつけえ。とり殺されるで」と険しい口調で言われたという。

喜代美さんは中学校を卒業すると、高校進学のために祖父母の家を出て、遠縁の親戚のアパートで独り暮らしをはじめた。

そこで初めて会う親戚たちは、喜代美さんに祖父母が秘密にしてきたことを教えてくれた。両親は行方不明になっており、それが何年も続いて死亡扱いとなったこと。祖母はかつて霊媒師まがいのことを生業にしていたが、よくその手伝いをしていた喜代美さんの両親が姿を消して以来、なぜか霊媒はぴたりとやめてしまったこと。

祖父母と手紙のやりとりは続けたが、どうしてもあの家へ足を踏み入れる気にはなれず、家を出て以来、結局ただの一度も祖父母の元へ帰省することはなかったという。

喜代美さんは、歳を重ねるごとに暗闇が怖くなっていった。

というのも、すべての暗闇にあの顔が潜んでいるように思えてならないのだ。彼女は毎晩、すべての部屋の明かりを点けて朝まで過ごすのが習慣なのだが、ある時、夜中に小一時間ほど停電したことがあった。すると、真っ暗な部屋の中には、大笑いしながら睨みつける男女の顔が、四つも浮かび上がってきたという。

そう、両親だけではない。祖父母もまた、すでに亡くなっていたからだ。

第四夜　夏休みの田舎

伊計　翼

小学生のころの夏休み、Hさんは田舎へ遊びにいった。

父親の実家は広めの平屋。すぐに近所の子供たちと仲良くなって一緒に走りまわり、夜になるとその子供たちと並んで眠った。たった数日のことだったが、楽しい思い出になった。

「でも、なんで近所の子たちが父親の実家で一緒に寝てたんだろうって、あとになって変に思えたんです……でもまあ、田舎だからそういうこともあるのかなって」

Hさんは特に気にしていなかったが、大学生になってから父親に尋ねてみた。

「なんであのとき、近所の子がたくさんいたのって聞いたら」

父親は、なにいってんだ？　と眉間にシワをよせた。

「私を実家につれていったことなんて一度もないっていうんです」

いったじゃん、なんで覚えていないんだよ、と説明するHさんに「お前が生まれる前にウチ、火事で焼けてるんだから、いけるワケないだろ」と父親はいった。

「どっか泊まりにいったときと勘違いしてるんだってことになったんです。でも」

平屋の様子を細かく話すと、父親は「それ……ウチっぽいな」と青ざめた。

実家の火事によって祖父母は焼死していたが、でもHさんの記憶ではふたりともにこにこと笑っていた、という話である。

第五夜　布団

黒　史郎

冬の夜、達夫さんはぞくぞくして目覚めた。寒いはずで布団も毛布もかけていない。自分で蹴りのけてしまったのかと暗い中を手探りするが、わからない。となりで深い寝息をたてている妻にでも奪われたか。

妻を起こさぬよう、そっと寝室を出てココアを作って飲んだ。じゅうぶんに温まって寝室に戻ると、自分の寝床にこんもりとしたシルエットがある。布団が返ってきている。

首元まで布団をかけて、「ん？」となった。どうも変だ。いつも使っている布団と厚みや感触が違う。気にはなるが、明かりをつけてまで確認する気はない。

布団からは子供の頃にかいだような懐かしい匂いがし、いつもと違う重みも疲れた体にはちょうどよく、心地よく眠りにつくことができた。

翌朝、その掛け布団が、母の使っていたものだとわかった。亡くなってからすぐに処分する予定だったが、なかなか思い切れずに何年も押し入れにしまい込んでいたものであった。それがなぜ今になって出されていたのか、妻も知らなかった。達夫さんの布団と毛布はリビングの入り口の前に置かれていた。

母の布団のへりには、末期《まつご》の瞬間に吐いた血の跡が茶色く残っている。達夫さんは眠りながらそこをしゃぶっていたらしく、唾液でぐっしょりと濡れていたという。

第六夜　聞こえてくる音

小田イ輔

　Aさんは農業を営んできた七十代の男性、現在はほとんどの仕事を跡継ぎである長男に譲り、半隠居生活を送っている。

「時々、ジャバジャバってよ、大きい水の音なんだよな、どっからともなく」

　彼の話によれば、幼い頃から家の中でそんな音を聞くという。

　住んでいるのは大きな古民家、リフォーム済で、今でこそ現代風のオシャレなそれになっているものの、以前はいかにも農村の日本家屋といった趣であったそうだ。

「生まれ育った家だけど、暗くて、寒々しかったな、その上、妙な音だもの」

　響いてくる水の音は、台所や風呂場などを見回っても出所がわからなかった。

「俺以外の家族には聞こえてないようでね、なんだろなと、気味悪いから、子供の頃、祖母《ばあ》さんに訊いてみたことがあった」

　すると祖母は、縁の下にある古井戸から聞こえてくるのではないかと言った。

「今でもあるよ、床下に。もうずっと使ってない井戸が」

　なぜその井戸を使わなくなったのか、幼いうちは教えてもらえなかったが、歳を経てから聞いた話によれば、どうもその中で人が死んだことがあるらしかった。

「明治とか大正とかそのぐらいの時期の話さ、自殺だったたんじゃねぇかって」

昔から井戸は堅く蓋をされており、息継ぎのパイプが通っているだけ、そもそも床下にあるのだから外からの干渉は受けようもない。

しかし、音はする。

「音が井戸からのものなのか定かではないんだけど、そう言われるとそういう気がしてくるもんでね、近頃はガキだった頃よりも頻繁に聞こえるよ、たださぁ」

Aさんが現役だった数十年の間は、その音を聞いた覚えがないとのこと。

そのため、ここ最近になって再び聞こえだしたそれが、やけに気になってしまう。

「なんなんだろうな、何か意味があるんじゃねえかと思ってるんだけど、わからん」

奥さんや息子夫婦に話してみても、認知症の心配をされるだけで相手にされない。

どうもおかしいなと思いながら、今もAさんは水音を聞き続けている。

第七夜　子捨て家

つくね乱蔵

幼い頃から、後藤さんはずっと同じ町で生活している。

今でこそ、マンションや商業施設が林立する町だが、昔は田畑の方が目立つ農村であった。腕白小僧だった後藤さんは、仲間と共に野原を駆け回って遊んでいた。

森や林、池や川など子供たちだけでは危険な場所も多かったが、特に何か注意されるようなことは無かった。

ただ一つ、絶対に近づいてはならないと戒められている場所があった。

森の側に建つ空き家である。持ち主は分かっている。表札にある通り、川井という一家だ。

妻に先立たれた夫が、男手ひとつで二人の子供を育てていた。

ある日を境に子供が次々と死に、ただ一人残った父親も引っ越していった。

それ以来、この家に子供が入ると、必ず行方不明になる。それが嫌なら絶対に入るなと言われていた。

そこまで脅かされたら、殆どの子供たちは近づこうともしない。

けれども、都会から転校してきた荻山は違った。荻山は、蛮勇を振るうことを何よりも愛していた。

そんな子供にとって、川井家は格好の舞台だ。皆が反対すればするほど、荻山は意固地になった。

おまえらに本当の男を見せてやる。そう言い残し、荻山は川井家に入っていった。

どうするか相談する後藤さんたちを見て、通りすがりの大人が駆け寄ってきた。事情を聞くと、顔色を変えて家に入っていった。

荻山が家に入ってから、五、六分程度だ。が、荻山の姿はどこにも無かった。

裏口や窓から出た様子は無い。蜘蛛の巣や埃がそのままである。

結局、荻山は見つからなかった。当時は大騒ぎになったらしい。

長い年月を経て村は町になり、すっかり様子は変わったが、川井家だけは相変わらずそのままだ。

後藤さんが知る限り、行方不明になった子供は三人。それでも川井家は解体されずに残っている。

時折、川井の血縁者らしき老婆が訪れ、数時間過ごすためである。

その間、家の中から子供たちの泣き声が聞こえてくるという。

第八夜　知ってるよ

徳光正行

鈴井さんが小学生の時、同級に黒木さんという女子がいた。つぶらな瞳が印象的な可愛らしい女の子だったのだが、女子のグループには属さず教室の隅で一人ポツンとしていた。もっともその姿に悲壮感はなく、自ら群れない立場をとっているようにも見えた。

ある日悪友の和田から「黒木いつもつまんなそうにしてるから驚かせてみようぜ」との提案を受けた。有無を言わさず鈴井さんの手を引くと校舎を飛び出し、校庭の隅のジメジメした日陰に向かった。

「黒木にバレないように見張ってろよ、計画が台無しになるからな！」そう言ってナメクジやらダンゴムシやらカマドウマやらを物色し牛乳パックの中に押し込んだ。

教室に戻ると黒木さんが二人の前に立ちはだかり「知ってるよ、私に悪戯《いたずら》しようとしてるでしょ」と言ってきた。

「違《ちげ》えよ」

視線を逸らした和田が返すと、

「かわいそうに、出ておいで」

黒木さんの呼びかけに呼応した虫たちが、ワサワサと蠢きながら牛乳パックを出て和田の掌から腕にかけて這い出した。

「ギャーーー」

和田の叫び声が教室に響き渡り牛乳パックが投げ出されると、まだ中にいた虫と腕を這っていた虫たちは列をなし教室をゆっくりと出て行った。

「私を驚かせようとするのはいいけど、虫だって命があるんだからあんな所に閉じ込めたらかわいそうでしょ？　罰を受けるよ。今日か明日、虫を掴んだ手を怪我する」

そう言って黒木さんは教室を出て行った。

震えが止まらない和田が、

「お前ちゃんと見張ってたのか？　黒木に見つかってたんだよ」

そう言ってきたが、鈴井さんが見張りをしていた時、辺りには誰もいなかったし見上げた校舎の窓から覗く者もいなかったはずだったが。


翌日学校に行くと右手を三角巾で吊るした和田が佇んでいた。背後から黒木さんが、

「知ってるよ、和田くん弟とふざけていてお風呂で転んで手首を怪我したでしょ？」

と言うと、

「なんでそんなことまでわかるんだよ、こいつお化けだ」

和田は肩を震わせそう叫ぶと、教室を飛び出して行った。

帰り際、

「黒木さん、昨日はごめんね。和田も悪かったけど、許してあげてよ」

鈴井さんは頭を下げた。黒木さんは笑顔で頷き、校舎を後にした。

さらに翌日、教室には重症と思われた右手を振り回し元気に飛び回る和田の姿があった。

「黒木さんありがとう、でもどうして黒木さんはそういう力があるの」

鈴井さんの問いに、

「わからないんだけど〝声〟が教えてくれるの」

ニコリとそう返すと、「あと自分が死ぬ時期も知ってるの、あと半年かな?」と続けた。

「冗談でもよしてよ、そんなの」

鈴井さんの言葉を「ありがとう」笑って受け止めた黒木さんの瞳はどこか寂しげだった。

そして半年後、黒木さんは通学路でトラックの車輪に巻き込まれて亡くなった。

第九夜　銀輪

小原　猛

中沢さんの曽祖父は、太平洋戦争でフィリピンに行き、そこで消息不明となった。戦後、中沢さんの父親や親戚たちが、慰霊のためフィリピンを訪れた。それから何かが、フィリピンから私たちについてきたようだと、父親はよく語っていた。

「時々、夜中のことなんだが、いろんな方向から音が聞こえて来るんだよ」父親は中沢さんによく話していた。「まるで何かが流れているような、風のような、キャタピラーのような音の時もある。シャーッとか、キキキキ、あるいはガリガリというような音の場合もある」

最初のうちは、きっとフィリピンで亡くなった父親がついてきてくれたのだと思っていた。そこで父親に話しかけ、感謝を伝えたりしたが、気配や音にまったく変化は見られなかった。

中沢さんが子供のころ、びわ湖バレイに家族で登りに行ったことがある。滋賀県にある、ロープウェイで登れる山である。降りてからしばらく付近を散策していると、どこからか「シャーッ、ガリガリガリ」という金属音のような音が聞こえてくる。

中沢さんが父親を見ると、目を細めながら、子供をかばうように手を広げている。

「お父さん、どうしたの?」と聞くと、厳しい声で、

「今は喋るな」と言われた。

と、霧のかかった道の向こうを、何かが集団で下っていくのが見えた。

自転車に乗った無数の兵隊である。霧と霧の隙間に一瞬だけだがその姿がはっきりと見えた。おそらく二、三十人はいただろうか。やがてそれから霧の中、消えてしまった。

それから中沢さんは父親に、あれはなんだったのか聞き出そうとしたが、父親は口をつぐんで何も言ってくれなかった。


「あとで知りましたが、実は曽祖父はフィリピンで銀輪部隊という自転車で移動する部隊に所属していたようなんです」中沢さんは語った。「それが曽祖父だけではなく、おそらくフィリピンに慰霊に行った際に、全員うちの家族についてきてしまったということなんですかね」

その日は八月十五日の終戦記念日であった。

今でも中沢さんにも、遠くで鳴っているキャタピラーのような音が時々聞こえるという。

「最終的に彼らの多くはタイヤがパンクして、それが戦車のキャタピラー音に聞こえたそうです。きっとその音なんでしょうね。いつ成仏してくれるのか、私にはわかりません」

第十夜　夜店の客

我妻俊樹

公次さんは中学生のとき、同級生の女の子と近所の神社の夏祭りに出かけた。

いつも閑散《かんさん》としている境内が、今夜は夜店の明かりに照らされた大勢の人でにぎわっている。

二人は金魚すくいの成果の二匹をビニール袋に提げて奥へ進んだ。すると他の店からぽつんと一軒だけ離れて、お面を並べている店があった。

その店のおじさんと、客の親子のやりとりが耳に届いたという。


「たしかに見たんですよ、なあおまえも見ただろう?」

「うん見た」

「そう言われてもねえ」

「骸骨《がいこつ》みたいな、気味の悪い顔でしたよ」

「やめてくれ縁起でもない」


どうやらその店に並ぶ新旧様々なキャラクターのお面に混じって、あきらかにお面ではない異様な顔がじっとその親子のことを見ていたらしい。

少なくとも、父親と幼い息子はそう思い込んでいるようだ。

「本当なんです」
「あんたしつこいねえ」
「心当たりはありませんか？　骸骨みたいな顔ですよ」
「商売の邪魔なんだよ、行ってくれ」

店のおじさんに追い払われるようにして、親子はしぶしぶその場を離れて歩きだした。公次さんたちは顔を見合わせ、そっと親子の後をついていった。二人はどんどん人のいない方へ行くようだった。だが公次さんの知るかぎり、彼らの進む先には境内からの出口はなかった。いったいどこに行くんだろうと思って見ていると、社殿の裏にある小さな物置のような小屋の前に親子は立った。そのドアはいつも鍵が掛かっているはずだが、父親がドアノブを引くとあっさり開き、息子を先に行かせると父親は後に続きながらドアを閉じた。

公次さんは小屋に近づいていって、壁に耳をあててみた。だが中からは何の物音も聞こえてこない。そこに法被《はっぴ》を着た赤ら顔の爺さんが千鳥足で現れたので、事情を話すと「ここは必ず施錠してあるんだけどなあ」と言いながらドアノブを引いたがやはり開かない。念のためと鍵を持ってきて開けてみると、竹ぼうきやちり取りなどが収められた狭い空間には誰もいなかった。

爺さんにぶつぶつ文句を言われながら、狐につままれたような気分で公次さんたちは夜店のある方へ引き返してきた。

さっき親子を追い払ったお面屋の前を通りかかると、おじさんの姿がなかった。少し離れたところに人だかりができて、何やら騒然とした空気に包まれている。

やがてサイレンの音が近づいて神社の前に止まると、担架を抱えた救急隊員たちの姿が見えて人だかりが割れた。中で横たわっていたのはお面屋のおじさんだった。

ぐったりとして動かないおじさんを乗せて担架が遠ざかっていく。

「なんの前触れもなくさ、急にドサッて倒れたんだってよ。卒中かなあ」

誰かがそう話しているのを公次さんは聞いたそうだ。

第十一夜　愛しい我が子

服部義史

シングルマザーの岩本さんには五歳の息子がいた。

その子は酷い寝惚け癖があり、時折彼女を困らせることがあったという。

ある日の夜中、息子がなにやら魘されていた。

揺り起こし、目を覚まさせてあげるが、意味が分からないことをブツブツと呟いている。


（いつものアレかぁ……）


また布団に横にさせると、お腹をポンポンと叩きながら寝かしつけようとした。

十分程そうしていると、すぅすぅという寝息が聞こえたので岩本さんも寝直そうとする。


「死ぬぞ……」


突然、彼女のすぐ横から、野太い男性の声がはっきりと聞こえた。

驚き飛び起きるが、どこにも怪しい者などはいない。

幻聴だったのか、と思い直すも、すぐにその考えは否定された。

寝ている息子が何度も「死ぬぞ」という言葉を繰り返していたのだ。

声色は明らかに息子のものではない。

その異常な状況に、岩本さんは我が子を叩き起こした。

寝惚けた様子で布団の上に座った状態の息子。

目は半開きで、ただただ「死ぬぞ」という言葉を繰り返し続けている。

なんとか覚醒させようとするが何をしても効果が無く、結局は朝を迎えた時点で言葉を吐くのを止めた。

起きた息子はこの件を一切覚えていなく、声色もいつものような子供らしいものに戻っていた。


「それから三日後です」

愛する我が子は原因不明で、突然亡くなってしまった。

眠った状態のまま、二度と目覚めることはなかったという。

あの声を聞き、何かできたことがあったのではないか?

岩本さんの後悔は消えることは無い。

第十二夜　怨みの黒猫

川奈まり子

経験者は語る、ではないが、双方怨みを残さず速やかに離婚するのは難しいものだ。すったもんだの挙句、多少なりとも怨みを残して別れることが多いのではないか。

隆一さんは二三歳で結婚して二八歳で離婚した。約五年間の結婚生活の半分以上を夫婦喧嘩についやした末に、とうとう別れた。

離婚に手間取った理由は、夫婦で猫を飼っていたから。

猫をどちらが連れていくかで揉めたのだ。猫が死んで、決着がついた。

その死の責任は隆一さんにあるようだった。と、いうのも、彼がうっかり窓を開けておいたがために、猫が外へ逃げ、そして車に轢かれて致命傷を負ったので。

もともと妻が飼いたいと言って飼いだした猫で、隆一さんも可愛がっていたけれど、猫は妻の方に、より懐いていた。それがまた隆一さんには悔しかったわけだが……。

不仲な妻である。愛猫を死なせた咎を彼に背負わせることには容赦がなかった。

「死んでも許さない。一生怨んでやる」と最後まで罵《のの》しっていたものである。

お陰で、離婚して隆一さんはホッとした。別れてから心労が減り、暇にもなったから、爽やかな心持ちで仕事に打ち込んだ。そのせいあってか、契約社員から正社員に抜擢されて、短期間で出世をした。収入も三割増し。離婚から一年ほど経つと、恋人ができた。

しかし、女性と付き合いだした頃から、生活に影が差しはじめた。

きっかけは猫だった。彼女が猫を飼っていたのだ。そうと知っていたら付き合わなかったかもしれない。猫の件がトラウマになっていた。しかも彼女の猫は、死なせた猫と同じ黒猫で、名前も同じ「クロ」。クロは黒猫の名の定番だが、いい気持ちはしない。

彼が猫を厭うので、猫の方でも彼を避けた。すると猫の気分が伝染したかのように、彼女も彼に冷たく当たるようになった。間もなく二人は別れてしまった。

それから半年ぐらいして、隆一さんは再び女性と交際しはじめた。

ところが、彼女も黒い猫を飼っていた。しかも「クロ」と名付けていた。

そうと知ると、今度は隆一さんの方で彼女を遠ざけるようになり、二人は破局した。

彼は三〇歳になっていた。何も知らない田舎の両親が、そろそろ再婚したら、と言いだした。

自分でも、一生このまま黒猫の祟りにつきまとわれて女性と付き合えないのは御免だと思ったので、飼い猫を葬ったペット霊園を訪ねた。

今まで墓参りをしていなかった。それも悪かったのだろうと反省して一心に手を合わせてきたけれど、最近好きになった女性も猫を飼っていることがわかり、暗澹《あんたん》たる気持ちになっている。

黒猫かどうか確かめるのも怖いのだと彼は言う。

第十三夜　どれだっけ。家の鍵、どれだっけ？

朱雀門　出

Ｉさんの話。

高校から家に戻ると、ドアの前にお父さんがいた。

いつもよりもずっと早いので、もうその時点からなんだか変だとは思っていた。

お父さんはＩさんを見つけるとすごく嬉しそうな顔をした。それが、これまでも見せたことのないくらいに顔をくしゃくしゃにしていて、その笑顔が逆に怖かった。

飛びつくかのようにそばまできたお父さんは、背広のポケットをまさぐっている。ポケットから出した手には、鍵束が収まっていた。それをＩさんの顔に近づけてくる。

「どれだっけ。家の鍵、どれだっけ？」

なんだか、幼いような物言いも違和感がある。というか、そもそも家の鍵がなぜわからないのかも妙である。

「そんなの、一個ずつ試せばいいいんじゃない？」

「いや、それが……」

お父さんは顔を歪めた。

Ｉさんの顔も歪んだ。それは驚愕のためだった。

その鍵束には細長い鍵がいっぱい付いていた。それは自転車の鍵だった。Ｉさんの家にはそんなにたくさんの自転車などない。一体どこのだれのものなのか。

それにもっと変なことに、十数本はある自転車の鍵の中に家の鍵は一本だけしかないのだ。それが家の鍵だとすぐにわかる。

こんなのもわからないのか、とちょっと怖くも思いながらお父さんを見ると、何かを悟ったかのような表情をして、背を向けて走り去っていった。

そいつはお父さんのようなニセのお父さんだったようで、本当のお父さんはずっと後に帰ってきた。

第十四夜　いやし火

丸山政也

現在七十代のNさんの話である。

五十年ほど前の晩秋のある日、Nさんが自宅へ向かう道を自転車で走っていると、畑のほうから煙が立ちのぼっているのが見えた。

いやし火か――そうNさんは思った。

収穫の終わった田畑で籾殻や不用なものを焼いて片付けているのである。焼けた後の灰は肥料になる。

しかし、そのにおいに、なんともいえない違和感をおぼえた。

自転車を降り、手庇《てびさし》をしながら煙がのぼっているほうを見てみる。

いったいなにを焼いたら、こんなにおいになるのだろう。

Nさんは畦道《あぜみち》を伝って、焚き火に向かって歩いてみた。

すると――。

燃え盛る炎のなかにひとらしきものが突っ伏している。体躯《たいく》の殆どは焼け焦げているようだが、足先だけが燃えずに残っていた。婦人用の履物を履いているようだった。

吃驚《びっくり》したNさんは腰が抜けたようになったが、這うように自転車のところまで辿り着くと、村の駐在所へ目がけて一目散に急いだ。

警察官に事情を話すと、それは大変だと、Nさんが案内する形で現場へ向かった。

煙はまだもくもくと立ちのぼっている。

「ここはBさんの畑じゃないか。燃えているのは、まさかあのひとじゃなかろうな」

警察官は畑小屋から長い木の枝を持ってきて、焚き火を何度もかき回していたが、

「ひとが燃えとるいうとったが、そんなものはありゃせんぞ」

と、そのとき、

「なにをやっとります、焼き芋でもしとりましたか」

そんな声がしたので、ふたりで振り向くと、五十代ほどの男が背後に立っている。すると警察官は「ああ、これはBさん。おられたんですか」といって、事情を説明した。

Bさんという男は、そんなことあるわけないわな、といって、笑いながら焚き火を消したが、焼死体のようなものは、どこにもなかったという。

「狐につままれたみたいな話だがね。そんなことが若い頃に一度だけあったねえ」

そうNさんは語る。

第十五夜　コーちゃん

牛抱せん夏

学校教師の藤原さんはその夏、模擬試験の監督で休日出勤した。

教室にはクーラーが設置されておらず、生徒たちはしきりに汗を拭っていた。ところが藤原さんは鳥肌がたつ寒さを感じていた。汗はしたたっているのに妙な違和感がある。誰かに見られている気配がした。教室を見渡すと生徒たちは問題用紙に釘付けとなっており、誰も顔をあげていない。出入り口の戸の磨りガラスの向こうに黒い大きな影がある。

廊下を確認したが、誰もいなかった。


その日の真夜中、目が覚めた。部屋の入り口に昼間見た影があり、こちらを見ている。

「だれ？」と声をかけると影は消えた。


翌日、小学校時代の同級生であるタツヤ君と会うことになった。

楽しみに待ち合わせ場所へ行くと、共通のともだちだったコーちゃんが事故で亡くなったと知らされた。コーちゃんは年下で幼いころよく面倒を見ていた記憶があるが、小学校へあがるころには会う機会がなくなり疎遠になっていた。

タツヤ君がコーちゃんの写真を見せてくれた。

背が高くすっかりおとなになった彼が写っていた。

その帰り道。また寒気がして振りむいた。黒い大きな影がある。

「コーちゃん?」

「うん」

影は恥ずかしそうに返事をすると、続けていう。

「タツヤ君のこと好きなんでしょう?」

見抜かれていたことが恥ずかしくて「うるさいやい」と返す。ふたり一緒に笑った。

影は笑いながら消えてそれきり二度と現れることはなかった。

第十六夜　おにいちゃん

松本エムザ

Yさんの通っていた幼稚園には「お仕置き部屋」があった。

悪戯が過ぎたり、先生の言うことを守らなかったりした園児が、反省するまで放り込まれる小部屋だ。今の時代なら大問題になるだろうが、昭和のあの頃にはよく聞く話であったと思う。

狭くて真っ暗でじめついた、廊下の片隅のその場所に閉じ込められた園児は、誰もが数分も経たぬうちに扉を叩いて泣き叫んだ。先生も比較的すぐに鍵を開け出してはくれたのだが、幼な心にはその数分が永遠にも感じられたとYさんは語る。

ただし、N美ちゃんだけは違っていた。

どんな悪ガキもおてんばな女子も怯えていたその部屋に入れられても、彼女はまったく動じなかった。さすがに一時間以上も閉じ込めておくのはまずいだろうと、先生の方が先に降参して、彼女は部屋から出してもらっていたけれど、いつもケロリとしたむしろ晴れやかな顔で皆の前に現れた。

「N美ちゃんは、あの部屋が怖くないの？」

不思議に思ったYさんが尋ねると、N美ちゃんは笑顔で答えた。

「全然平気。あの部屋にはね、おにいちゃんがいてくれるからちっとも怖くないんだ。へっちゃらだよ」

N美ちゃんには小さな弟はいたけれど、お兄さんはいなかったはずなのに……。Yさんは不思議に思ったが、深くは尋ねなかった。

ある日、騒動が起きた。

その日もお仕置き部屋行きとなったN美ちゃんを、先生がそろそろ出そうとしたところ、扉がびくとも動かなくなってしまったのだ。鍵は内側にはついていない。中から押さえているにしても、五歳児の女の子の力ではたかが知れているのに。

先生たちはもちろん、大勢の大人が総出でバールやハンマーなどの物騒な工具まで持ち出して、ようやく古い納戸部屋の扉がこじ開けられた。泣き喚《わめ》くどころか、ムッとした顔で連れ出されたN美ちゃんが、ポツリと恨めし気に呟いた台詞《せりふ》を、Yさんは未だに忘れることができない。

「……もう少しだったのに」

野太い男の声だったという。

第十七夜　牛小屋

菱井十拳

　高度成長期の中頃くらいまでは、今は都市化した北九州地方にも畜産農家はそこここにあった。よく見かけたのは乳牛で、田舎の河川敷で放し飼いにされていて、夕方になったら自分で畜舎に帰ってくるという、実にのんびりとしたものであった。

　話の主は、当時小学生だった亜矢子さんという人だが、家の裏側が件の類いの農家で、しかし田圃も持っており、本業の足しにと乳牛をほんの二、三頭だけ飼っていた。

　その農家とは生まれたときからの付き合いであり、暇なときは当たり前のように遊びに行っていたそうだ。

　牛も見慣れていた。さすがに成牛の方は大きくて恐ろしく近寄り難かったが、ある時仔牛が生まれた。こちらは可愛いばかりで、亜矢子さんにも懐いて近寄ってくる。

　その日も学校から帰ってくると、そのまま牛のいる畜舎へ向かった。

　牛小屋と呼んでいたそれは、昔の物置を改造したものらしく粗末な造りだった。が、歪んだ壁板や隙間のある天井は、逆に牛にとっては居心地がいいのか皆大人しく過ごしていた。

　仔牛を産んだ牛の他にもう二頭いたのだが、そのうちの一頭は、最近「乳の出が悪くなった」とのことで、姿を消していた。転売されたのか、処分されたのか、亜矢子さんには分からなかった。

亜矢子さんが農家の庭先に入っていくと、畜舎の隙間から頭だけ出して仔牛がこちらを見つめていた。

来たよ、と言って駆け寄ると仔牛はすぐに亜矢子さんの指先にしゃぶりついてくる。

母牛の乳首の代わりなのだろうが、一心不乱に吸い続ける姿が可愛かった。

指先の生温かいような、くすぐったい感覚が面白かったのだが、ふと薄暗い牛小屋の梁の辺りに目が行った。

丸太の桁《けた》と梁《はり》、サス等が入り組んだ暗がりから、物欲しそうな顔がじっと亜矢子さんの手の辺りを窺っていた。涎《よだれ》を垂らさんばかりの飢えた表情だった。

顔の周囲には、奇妙なことに、白い鳥の羽根の様な物体が放射状に突き出ていた。

とにかく胴体のないことに驚いて、亜矢子さんは泣きながら逃げ帰った。

……その後、大人になってから、ひょっとしていなくなった牛はあれに乳を吸われ続けたせいで出が悪くなったと思われたのではないかと気づいた。

あの仔牛も、この事からしばらくして病死したとのことだ。

第十八夜　穴ぼこ

渡部正和

「誰も信じてくれないんですけど……」

後頭部を掻きながら、岩田さんは照れ臭そうに云った。

昭和も終わりを迎えようとしていた、ある真夏の日のことであった。

岩田さんは朝五時に起床して、庭木に水遣りをしていた。

陽が出たばかりにもかかわらず、すでに暑さは想像を超える程であった。

首に巻いた手拭いで沸き出る汗を拭いつつ、庭を巡回していた。

「こ……お……じ……い……ぃ……ぃ」

突如、どこからともなく声が聞こえてくる。

どこかで聞いたことのある、どことなく懐かしい声のように思えた、そのとき。

彼は手に持った如雨露《じょうろ》を地面に落としてしまった。中に入っていた水が辺りに飛散する。

「かあちゃん？　かあちゃん、なのかい？」

間違いない。自分の名前を呼ぶこの声は、母親のものに絶対に違いない。

しかし、彼の母親は十年以上前に亡くなっていた。

頭の中がぼやけてしまい、岩田さんは声が聞こえてくる方向へ向かって歩いて行った。

彼を呼ぶ声は次第に大きくなっていき、さらに得体の知れない音楽まで聞こえてくる。まるで木魚をリズミカルに叩いたような音に、中国語を日本語読みしたかのような意味不明な文言が加わっている。

ふらふらと向かって行くと、庭と裏山の間に大きな穴が空いていた。

直径は三十センチ程度だが、その奥底は深淵を思わせるような漆黒に包まれている。

「こ……お……じ……い……ぃ……ぃ」

その深淵から、枯れ果てた枝のようなざらざらの表皮を持った腕がぬぅっと飛び出した。

まるで誘うかのように、ぎこちない動作で手招きを始めている。

その瞬間、背筋に電気のようなものが駆け抜けていき、彼は正気に戻された。

そして勢いよく踵《きびす》を返すと、そのまま家屋へと向かって走って逃げたのである。

翌日、例の大穴が空いていた箇所を見てみたが、何処にも見当たらなかった。

綺麗さっぱり、一晩で消え失せたとしか云いようがない。

「だからね、誰も信じてくれないんですよ」

本当なのにさ、と云いながら、岩田さんはまたしても後頭部を掻き始めた。

第十九夜　魔法の杖

これは現在六十代の男性ケンさんが、小学三年生の頃に体験した話である。

ある日のこと、家での晩ご飯が終わり、一家団欒《いっかだんらん》でテレビを見ているとインターホンが鳴った。

「こんな時間に誰でしょうね？」

母が玄関へ向かったので、ケンさんもその後をついていく。

訪ねて来たのはケンさんの伯父にあたる人で、定期的に父との晩酌を楽しむために我が家を訪れる人物だった。

この伯父は山登りが趣味で、名山と呼ばれるような有名な高山はほぼ登頂している。

「この前はこんな山に登った。そこでこんな動物に出会った」

そんな冒険譚のような話を度々聞かせてくれる伯父のことが、ケンさんは大好きだった。

今日はどんな話を聞かせてくれるのかと心ときめかせていると、伯父が今日はお土産があると言う。

そしてバッグから取り出したのは、十五センチくらいの木の枝だった。

指揮者が持つような細長い枝で、多少の柔らかさがあり、少し曲げたくらいでは折れそうな感じではない。

これが何かと尋ねると、伯父は魔法の枝だと言った。

なんでも山歩きをしていると、極稀《ごくまれ》に御神木《ごしんぼく》になるような大きな木の根本に刺さっていることがある枝とのこと。

続いて何がどう魔法なのかも教えてくれた。

この枝はそもそもがお守りのような役割を果たすのだが、マドラーの要領で日本酒をかき混ぜると、その日本酒は絶品になるというのだ。

試しに調理酒をグラスに注ぎ三十秒程かき混ぜ、本来は日本酒が苦手な父が騙されたと思って一口呑んでみる。

すると父は驚いた表情に変わり「こりゃうまい！　これなら俺でも呑める！」そう言ってグラスの調理酒を一気に飲み干した。その日は魔法の枝で混ぜた調理酒で、父と伯父は晩酌をした。

この魔法の枝は、キッチンに置かれた大きなグラスにフォークなどと一緒に刺しておいたのだが、ある日小さくて黒い鳥がキッチン横の窓から侵入し、魔法の枝だけを咥《くわ》えて飛び去って行った。

もったい無いことをしたと落胆する父に「きっとその鳥も、あれが良いもんだって知ってたんだろうな」そう言って伯父はガハハと笑った。

現在ケンさんも山登りを趣味としているが、魔法の枝には一度もお目にかかっていないという。

第二十夜　献花の谷

神沼三平太

　都内に勤める小松さんの話。

　高校時代からの腐れ縁の友人が、気まぐれに企画した、女二人連れのハイキング。その途中で、目的地までの道を間違えた。好奇心が服を着て歩いているような友人の先導なので、案の定というか、こうなるだろうと予想はついていた。

　幸いすぐに気づいたので、今来た道を戻ればいいだけだ。所々剥げてはいるが、地図にも載っている舗装道である。迷うことはない。

　だが友人の背中に声を掛けても、聞こえないのか、無視しているのか、彼女は何かに導かれるように早足で坂を下っていく。それを追いかけて十五分も歩いた頃に、寂れた墓地に出た。

　ひと気がない。墓地は年単位で掃除も手入れも入っていないようで、そこかしこに落ち葉が溜まっていた。きっと墓地の先には廃集落か何かがあるのだろう。

　友人が振り返って、戻らなきゃと思い出したように呟いた。不安げな表情が見て取れた。

　本当ならば、あなたがここまで連れてきたのでしょうと、嫌味の一つも投げ掛けたかったのだが、彼女の泣き出しそうな表情に、小松さんは何も言わずに頷いた。

「……青い服の子供が、ずっと前を歩いてたじゃない？　五歳くらいの」

　小松さんは、そんな子供は見えなかったと答えた。友人は目を丸くした。

友人の目の前の小さな墓には、古ぼけたミニカーが供えられていた。

踵を返して今しがた降りてきた道を戻っていく。その途中で、道路脇の側溝を覗き込んだ友人が、慌てた様子で手招きした。これ見てと友人が指さした溝には、花束が詰まっていた。カラカラに乾いた後に、雨でぐしゃぐしゃになった花束。花を巻いていた透明のビニールシートも古ぼけている。だがビニールシートは自然には還らないらしい。それが吹き溜りのようにあちこちを向いている。

これはたぶん献花だったものだ。何年もこのままなのだろう。何故こんなところに。

「この道で何かあったんだね。さっきの子かな」

友人がつぶやいた。その言葉にハッとして、小松さんは彼女の手を引いた。

黙ったまま、坂を急ぎ歩きで登っていく。息が切れた。

坂を上り切ると三叉路に出た。ここで道を間違えたのだ。

すぐ脇に軽トラが停まっていた。その運転手が声を掛けてきた。

ここには来ない方がいいよ。雨の日には坂の下から変なものが上がってくるから。

真顔でそんな驚かすようなことを言った。見上げると、雲が厚くなっていた。

すぐその場を離れることにした。雨の中を何が上がってくるかを問い返す余裕はなかった。

半年ほど経って、また友人から遊びに行こうと誘われた。

「また、あそこに行こうよ。今度は車でさ」

あの日以来、友人の枕元には、青い服を着た男の子が出るようになったらしい。

それを何とかしたいのだと彼女は打ち明けた。

その週末、二人は両手で抱え切れないほどの花束を持って、以前迷い込んだ三叉路《さんさろ》まで山道を進んだ。山に入る前には晴れていた空が次第に暗くなり、とうとう雨が降り始めた。

車から降りた友人は、後部座席から花束を取り上げ、雨の中三叉路の脇に積んだ。

その間、友人の横に立つ、青い服を着た男の子がはっきり見えた。

彼の手にはミニカーが握られていた。

男の子は、花束を積み上げるのを見届けると、すうと消えた。

第二十一夜　黄ばんだマスク

三雲　央

世の中がマスク不足に嘆いている最中、ああそういえばと、だいぶ前に町田さんという方から伺った話を思い出しました。

町田さんはご夫婦で四階建てのマンションの二階に暮らしています。勾配のついた車道沿いに建っているマンションで、ベランダから身を乗り出して手を伸ばせば届きそうな辺りに、細い電線が何本か通っているんです。

その電線の一本に、マスクが一枚ぶら下がっていたことがありました。

耳に掛ける片方の輪っかの中を電線が貫くような格好で、僅かにでも風が吹けば右に左にと小刻みに行ったり来たりしていて。

洗濯物を干そうとベランダに出た町田さんの奥さんがこれに気付きましたが、取り外そうにも危険で、そのまま放置するしかありません。

午後の遅い時間となり、奥さんは洗濯物を取り込む為に再びベランダに出ました。すると電線のマスクが見当たらなくなっていました。

何となくほっとしたと奥さんは言います。

そんな奥さんが、洗濯物を取り込み部屋の中でたたみ直していると、洗濯物の中にマスクが紛れ込んでいました。おそらく件のマスクです。それが奥さんの下着と密に絡まっていました。

マスクは使い古しなのかまだら状に黄ばんでいます。奥さんの下着も長年にわたり着用を続けていた為に、いくら洗濯を繰り返しても落ちない尿染みの黄ばみがついています。そんな両者が絡み合っている様は生理的に嫌悪感を抱かせるものがあったと言います。

よほど不快だったようで、仕事から帰宅した旦那さんに奥さんは執拗に顔を歪めながらこの出来事を伝えると、旦那さんの目の前で下着と共にマスクを屑箱の中に叩き入れたそうです。

それから一年くらいして、奥さんが毎日のようにマスクを着けている時期があったらしいのですが、そのマスクが旦那さんの目にはまだら状に黄ばんで見えることがしょっちゅうあったそうです。

一方、奥さんはこの一年前の電線にマスクが引っかかっていた件について、まるで記憶が欠落したかのように一切覚えがないと言っています。

第二十二夜　花束

下駄華緒

これはある東京のバンドマンから「相談があるんで聞いてくれませんか？」と言われて聞いた話です。

彼には付き合ってもう三年になる彼女がいるそうで、そろそろ結婚も視野に入れていた……というのですが、実は今悩んでいると。

それは、ある日二人でランチを食べに行った時のこと。訪れたレストランは思っていたより満足度が高く、二人で「おいしかったね」と言いながら彼女の家に歩いて向かっていたそうです。

家の前までは一本道なのですが、その道は結構な坂になっていて、左側は雑木林、右側に住宅が立ち並んでいて、そのうちの一つが彼女の家なんです。

あと百メートルも歩けば着くかな、というところで左側の雑木林の道端に「花束」が置いてあったんです。

彼女の家が近いので事故でもあったのかな？　と思い「なにかあったの？」と彼は聞いたのですが、彼女は「ううん？　全然しらない……けど何か嫌な感じがする」と言いました。

それだけの他愛ない会話です。すぐに終わらせてそのまま家に向かって歩いて花束を通り越して数十メートル行ったところで異変が起きました。

彼女が急にクルッと後ろに方向転換し、花束に向かって走り出したんです。

「え？」と思った彼が彼女の後をついていくと、彼女が花束のところでしゃがんでなにやらゴソゴソしているんです。

「やめなよ！」と言って彼女の腕を引っ張り立ち上がらせると、彼女は俯いたままぐったりしています。

「大丈夫？」と声をかけて彼女の腕を自分の肩に回し、半ば介抱するような形で彼女の家に向かいました。

彼女の家のドアになんとかたどり着き、彼女の鞄から鍵を取り出してドアをあけ、彼女を先に家に入れてから自分も入り、ドアの鍵を閉めて彼女の方を振り向いた途端――。

「ガッ！」と急に俯いたままの彼女に首を絞められたそうです。

それも女性とは思えないくらいの本気の力で。

「なにやってんだよ！」と彼は激昂し首を絞められながらも彼女の体を「ドン！」と突き飛ばしたそうです。

その時に彼が見たのは嬉しそうに目を見開いて笑う彼女の表情でした。

でも彼はそれ以上に不気味なことに気付いてその場から逃げ出しました。

笑っている彼女の大きく開いた口、その中に大量の花びらが入っていた……からだそうです。

第二十三夜　執着

ねこや堂

　滝川はある精密機械を扱う工場で働いていた。

　年齢も四十代半ばで結婚指輪をしているから、既婚者だと思われているが正確には違う。婚約者がいたのだという。

　中学からの付き合いで、大学を卒業して就職の一年後には式場の予約も済ませていたのだが、癌を患い亡くなった。結婚を半年後に控えていた時だった。

　葬式の日、結婚式で着る予定だったタキシードを身に着けた写真を棺に入れ、骨壷に彼女の指に嵌めてやる筈だった結婚指輪を入れた。二人だけの結婚式を胸のうちに誓った。

　そうして、二人の新居となる筈だったマンションに一人住み続けた。心配した家族が引っ越せと言っても一切聞かなかった。

　洗い忘れた夕飯の食器が翌朝洗ってあったり、床に置きっ放しにしてあった服が洗濯してあったりと、そこには彼女の気配が確かにあったからだ。

　いつまでも一人、そこに住み続ける滝川の様子に思うところがあったのか、彼女の両親が訪ねてきた。

「娘のことは忘れなさい」

　あなたはまだ若いんだから、と諭されて思った。

そうか、周りから見れば己はそんなにおかしな様子に見えるのか、と。それからあまり日を置かずに実家へ戻った。

暫くして彼女の両親の訃報が届いた。自損事故だったらしい。

「お姉ちゃんが怒ってるんだ」

葬儀の日、訪れた滝川に彼女の妹はそう言った。滝川が姉のことを忘れられなくても仕方ない、落ち着くまで周りは見守るほうが良いとの妹の主張に対し、両親は「彼を愛していたのなら彼のこれからの幸せを思う筈だ」と一蹴した。

事故はそうやって新居から娘の荷物を引き上げた帰りのことだった。

彼女が望んでいるのはどちらなのか、悩んだこともあったが、後日親戚から持ち込まれた縁談が、翌日にはその親戚自らが血相を変えて「なかったことにしてくれ」と撤回するということが何度か続いたのでもう考えるのをやめた。きっと彼女はそれを望んでいない。

実際今も彼女が傍らにいるのがわかる。

他の女性と話をするだけで、怒りの感情を向ける彼女の濃密な気配を感じるのだ。

第二十四夜　会社のこと

久田樹生

彼は、社内一番の古株ではないが、それなりに会社の中で起こったことを見続けてきた。

見てきたことを文章にすれば、それこそ社史の一部として使えるほどらしい。

経営難を社員一丸となって乗り越えたこと。

好調の波の中、新規事業を立ち上げて業務拡大の舵を取った人物のこと。

親族経営であったことから、会長と社長の間で骨肉の争いが起こったこと。

社長が全権を得たことで、また新たな時代が始まったこと——言わば、会社の中に巻き起こった、喜怒哀楽全てを網羅できると、彼は自負している。

ただ、あまり人に言えない事も垣間見てきた。


それは、この某社の中で社員が何人か死んでいること。それも自死だ。


死因は全て縊死であるが、場所が決まっている。

今は倉庫となった旧社屋内、北館の一階にある男女兼用のトイレである。

遺体の右手首には、何故か真新しい十字のためらい傷が幾つか残されていた。

三人ほど出たときに、件のトイレは板と釘で封じられたのだが、それでもそこで死ぬ人間は後を絶たなかった。異様なほどの執着で封を壊し、中に這入り込んで首を括るのだ。

そこで命を絶つ人間は男女問わないが、ひとつ共通項があった。

入社三年以内の人間ということだった。

相良さんはこれまでに二度ほど遺体を発見した。

一度目は男。二回目は女。

首を吊ったトイレの床に手首を切った血が点々と残っていた。

当然、どちらのときも肝を潰したことは言うまでもない。

ここ最近、何年かぶりにひとり死んだが、やはり旧社屋北館トイレだった。

「旧社屋のあそこ、元会長に訊いたことがあるんですが〈何も曰くはない〉って言うんです。でも、なんかね、歯の奥に物が挟まったような物言いでしたねぇ」

でも、とひとつ付け加えた。

――死んだ奴らって、どうもね、会社への忠誠心が薄い連中だったと思います。

第二十五夜　湖畔の光

鈴木　捧

ボーイスカウトで指導員を務めるI田さんが、子供たちを引率して隣県の湖畔のキャンプ場を訪れた際の出来事である。

キャンプでは、夕食後に肝試しをすることになった。

二人一組で懐中電灯を持ち、湖畔からキャンプ場裏の林のハイキングコースまで、徒歩二十分ほどの道のりを歩く。年少のグループにはI田さんが一緒についていく。そうして子供たちとコースを回っていたときのことだ。

子供の一人が急に立ち止まり、「あれ」と道の左手を指差した。そちらに目をやると、まばらな木立ちの向こうに湖岸が広がっているのが分かる。子供が指差した先には、点滅するような光と煙が見える。花火でもしているのだろうか。

光の中に何人かのシルエットがある。両手を広げて踊るような動きをしているが、何か違和感がある。見ているうち、その原因に気付いた。音がしていない。水を打ったような静けさなのである。

気味悪く思ったI田さんは、「邪魔しないようにしよう」と子供たちに言い、その場を足早に通り過ぎた。

翌朝、炊事場を掃除していると、適当に遊ばせていた子供たちがやって来て「あっちにゴミが捨ててある」と言う。心当たりはないが、ゴミが残っているとキャンプ場の管理人への心証が良くない。

簡単なゴミなら片付けてしまおうと子供たちについて行くと、案の定、昨日花火のような光景を見た辺りだ。「これ、これ」と子供たちが指差す場所は地面が少し窪んだようになっていた。

そこに、中身の入った半透明のゴミ袋が置かれている。何重かにしてあるようで中はぼんやりとしか見えない。微かに漂う腐臭らしきものに抵抗を覚えたが、かといってこのままだと埒が明かない。袋の口をほどいて開ける。中を覗き込んで、理由の分からない寒気を覚えた。

ゴミ袋の中には端々が焼け焦げた泥だらけの靴が、子供用、大人用を問わずみっちりと詰まっていたそうである。

湖は一昔前には自殺スポットとして知られていたようだが、関係があるかは分からないという。

第二十六夜　沈んだ街で

春南　灯

碧い湖水、葉のない枝を広げる立ち枯れた木々、水鏡に浮かぶ雲——その光景はあまりにも幻想的で、まるで異界を覗き込んだかのようだったという。

シューパロダムの完成によって湖底に沈んだ集落の一部が、渇水期にのみ露わになることを知った野口さんは、中学卒業まで暮らしたこの地を数十年ぶりに訪れた。

路肩に車を停め、集落跡へ続く道を下る。この時期以外水に沈んでいるというのに、舗装はさほど痛んではいない。だが、行く手を遮るようにゴロゴロと数多の流木が転がっている。それらを跨いで、やがて片側一車線の広い道路に出た。

ひび割れたオレンジ色のセンターライン上に、小さな自転車が転がっている。

真新しい車体の赤と白の塗装から新品のような光沢が放たれているそれは、子供の頃に乗っていたものとそっくりで、じんわりと懐かしさを覚えた。

しげしげと細部を眺めていると、不意にくいっと右袖を引かれた。

ジャンパーの袖を握る小さな手、おさげ髪の少女が俯いて立っている。背格好から見て、小学校低学年くらいだろうか——こんな人里離れた所にひとりで？

「お父さんか、お母さんは？」問いかけたが、少女は無言のままぐいぐいと袖を引く。

――こっちに居るってことか？

袖を引かれるまま廃道を進み、たぷたぷと湖水が打ち付ける道の果てへ至った。

汀の先には湖に沈んだ道が続いている。数歩先は水の中。だが、少女は歩みを止めない。

ぐんぐんと汀が迫る。

「危ないって！」堪らず手を振り払おうとした刹那、汽笛が耳を劈いて少女が手を離した。

鉄路はとうの昔に廃線になっているのに、何故？　――現存しないものの音に足が竦む。

その場にしゃがみ込んだ少女は、両耳を塞いで苦悶の表情を浮かべ此方を睨みつけていたが、
一瞬空を仰ぎ見たかと思うと、現存しない汽笛とともに忽ち景色に溶けた。

少女の顔には見覚えがあった。小学生の頃、風邪をこじらせて亡くなった幼なじみの「トミちゃん」だ。その後、まるで後を追うように近所の人が次々と亡くなった。その数は十数人にのぼり、あまりにも続くものだから、「トミがひっぱった」と大人たちが噂していた。

それを思い出した瞬間、氷のような冷たさがつうっと背筋を這った。

とにかく帰ろう――慌てて踏み出した右足に、ぐじゅっと嫌な感触が走った。

咄嗟に視線を落とし、思わず声が出た。

右足の膝から下だけが、水に入ったかのようにずぶ濡れになっていたから……。

第二十七夜　壁の顔

響　洋平

鬱蒼《うっそう》とした森の中に在る、小さな寺だった。

陽の陰る夕刻。古い門の前に、初老の住職が立っている。

――随分と昔のことなんですけどね。この寺で、大きな火事があったんですよ。人がたくさん死にましてねえ。焼け焦げた人の臭いや苦悶に叫ぶ声が辺り一面に……。それは無残な光景だったんです。火事はなんとか収まったんですけどね、その数日後、焼け残った寺の壁に奇妙な影が浮かび上がったんです。

おや、あなた興味がありそうですね。こういう話がお好きなんですか?

その壁、切り取って置いてあるのでお見せしましょう……。

住職はそう言うと、五十センチ四方程の切り取られた壁の一部をこちらへ見せた。

そこには、くっきりと四人の顔が浮かび上がっている。

苦痛に顔を歪《ゆが》めた表情は、何かを強く訴えているかのようだ。この人たちは、とても苦しみながら此処《ここ》で焼け死んだのだろう。自分が金縛りになっていることに気付いたのはその時だった。

身体がまったく動かない。その直後、身を刺すような衝撃に凍りついた。

――壁に滲む顔の中に、自分の顔があったのだ。

N氏はそこで目が覚めた。全身に大量の汗をかいている。

呼吸を整えながら気持ちを落ち着けているが、あまりにも現実感のある夢に、しばらくは心臓の鼓動が収まらなかった。あの寺はどこなのだろう。見たこともない場所だった。

「夢か……」

気が付くと腹部が重い。何かに身体を上から押さえ付けられている。

寝ている自分の腹の上に、真っ黒な人影が座っていた。

「人がたくさん――死にましてねえ」

住職の声だった。影はにたりと嗤《わら》いながら、こちらへ顔を近付けてきた。

その日から、N氏は三日続けて同じ夢を見たと云う。

いつかあの寺を訪れる日がくるのかも知れない。そう思うと、得も言われぬ不安に苛《さいな》まれるため、彼はできるだけその夢のことを思い出さないようにしているそうだ。

第二十八夜　焼声

原田　空

埼玉県の大学に通う藪下さんから伺った話。

昨夏、彼女は同じゼミの友人たちと、大学に程近い場所を流れる[redacted]川の河川敷でバーベキューをした。そこは友人のひとりが見つけてきた場所で、休日だというのに周囲に人の姿は無く、絶好の穴場だと皆が口を揃えた。

バーベキューが中盤に差し掛かった頃、友人たちのひとりが、クーラーバッグの中から真空パックされた肉を取り出した。この日のために、態々《わざわざ》、味噌に漬け込んだ豚ホルモンを地方の農家からネットで取り寄せたのだという。

炭火で熱せられた鉄板の上に、その友人が得意げにトングで肉を並べる。じゅうううううっと、肉が焼ける音と、脂《あぶら》の焦げる匂いが広がる。

その瞬間――。

一行から程近い場所で女の呻き声のようなものが聞こえた。皆が声の聞こえた方向に目を向ける。が、何がある訳でもない。聞き間違えかと互いに顔を見合わせた次の瞬間。

きいいいいいいいいいいいいいいいいいいいいいいいいいううう――。

耳を劈《つんざ》く程の金切り声。電車のブレーキ音の様な、金属の擦過音に似た女の悲鳴が河川敷に響き渡った。

後々知ったのだが、その場所は数年前に精神を病んだ女が灯油を被り、焼身自殺を図った場所だったという。

その時にスマホで撮った写真は、確認せずに全て削除した。

あの時の金切り声が聞こえた気がして、彼女は今でも、明け方に目が覚めることがあるそうである。

第二十九夜　大の字専用

神　薫

栄さんが終電を逃してしまった夜のこと。

駄目元で最近駅近くに転居した友人に連絡すると、急な申し出にもかかわらずお泊りＯＫが出た。

コンビニで手土産の菓子と着替えを購入し、栄さんは友人宅へ向かった。

友人のマンションは最上階の角部屋で、築三十年と聞いていたが内装は新築と見紛うほどに綺麗だった。

タオルを借りてシャワーを済ませると、友人からありがたい提案があった。

「私はリビングのソファーベッドで寝るから、貴方が寝室使って？」

いいの？　と尋ねる栄さんに、友人は笑顔で〈ただ、寝るときは仰向けに、大の字ポーズでお願いね〉と言ってから寝室へ去った。

寝室に入ると、友人と二人で寝ても余裕のありそうなクイーンサイズのベッドが置かれていた。

言いつけ通りベッドの真ん中で仰向けの姿勢をとった栄さんだったが、疲れているのにどういうわけか眠れない。

いつも寝つきは良い方なのに、何故だろう。枕が合わないのだろうか。

仰向けから右横向きに姿勢を変えたところ、急に背後に誰かがいるような気がした。

ベッドマットの沈む感触もなければ、スプリングの軋《きし》む音もしなかった。

なのに、何者かの濃厚な存在感をひしひしと背中に感じる。

友人ではない。このマンションは友人の一人暮らしで彼女はリビングにおり、寝室のドアは閉じたままだ。

おそるおそる、右横向きから左横向きに姿勢を変えると、見えた。

ベッドの上に、黒い丸太のような大きな物がある。

夢だと思いたかったが、そうでないことは自分が一番よく知っていた。

闇に目が慣れてくると、見たくない物が見えてしまった。

これは、人だ。煤けた黒い顔からは年齢や男女の別すらもわからないが、折り曲げられた手足は人間に間違いない。

私の横にいるのは、焼死体だ。

栄さんは絶叫してベッドを飛び出し、友人のいるリビングに駆け込んだ。

眠りを妨げられた友人はたいそう不機嫌だった。

「そのくらいのことで騒がないでくれる?　だから、〈大の字で寝て〉って言ったじゃない。それさえ守れば家賃も安いし、いい部屋なんだから」

それだけ言うと、友人はソファーベッドに倒れるようにして、また寝てしまった。

もう、こんなところにいられない。

栄さんは眠る友人を残してマンションを出ると、タクシーを呼んだ。

午前二時過ぎの深夜割増料金は懐に痛かったが、自宅にたどり着くと安心のあまり涙が出たという。

おそらく、逃げ帰るときに部屋の鍵を持ち出してドアを施錠し、ポストへ無造作に放り込んでおいたせいだろう。栄さんはくだんの友人からブロックされてしまったので、現在も彼女がそのマンションに住んでいるかはわからない。

第三十夜　母の写真

真白　圭

佐田さんが高校生だった頃、家族で引っ越しをすることになった。
大型の家具は業者に任せて、その間、佐田さんは小物類の整理を行ったという。
すると、荷物を入れた段ボールの中から、数十枚の古い写真が出てきた。
どうやら箪笥《たんす》に仕舞われていたものを、そうとは知らず詰め込んできたらしい。
両親が若い頃に、旅先で撮影したものが多いようだった。
つい整理の手を止めて、写真を捲《めく》るのに夢中となる。
すると途中、一枚の写真に目が止まった。
母親がひとり、枝ぶりの良い松の木の前で、手を振っている写真だった。
何処かの景勝地だろうか、旅先の楽しい雰囲気が伝わってくるかのようである。
が、――写っている母親の容姿だけが、どうにも奇妙だった。
顔の左側半分が、溶けて流れ出したかのように崩れていたのである。
笑顔は不気味に引き伸ばされて、まるでホラー映画の怪物さながらの容貌だ。
カメラの手ブレが原因かとも思ったが、背景に異常は見つからなかった。
気になった佐田さんは、このことを母親に話してみることにした。
「母さん、この写真だけど……」

そう言って、写真を手渡した途端――

母親は「あっ！」と叫ぶなり、びりびりと写真を破り捨ててしまった。

佐田さんが止める間もない、一瞬の出来事だった。

あれから二十年が経つが、未だに母親はあの写真について何も答えてくれない。

第三十一夜　松の木

丸山政也

七十代の女性T子さんの話である。

十年ほど前のことだという。

庭の松の木の手入れが大変なので、夫と話しあった結果、伐《き》ってしまおうかということになった。この家に嫁いできたときにはすでに植わっていたが、当時、すでに老木といった感があった。あれからも四十年ほど経っているのだから、相当な樹齢であると思われる。

すると、その日の夜、他県に嫁いでいる娘から電話があり、なにをいうのかと思ったら、

「お母さん、もしかして庭の松の木を伐ろうとしていない？」

出し抜けにそんなことをいう。

「なぜ知ってるの。お父さんとそんな話をしたばかりで、誰にもいってないはずよ」

すると、娘はこんなことをいった。

五歳になる息子――T子さんの孫が、昨晩、寝ているときにうなされている。すると、うわごとのように「きらんでくれ、きらんでくれ」というので、心配になり、どうしたの、と寝ている息子に問いかけると、

「まつのきじゃ、どうかきらんでくれ」

なんのことかわからないが、松といったら、実家にある松の木しか思い浮かばない。

それからほどなく子供は目覚めたが、どんな夢を見ていたのか尋ねても、きょとんとした顔をして、おぼえてないよ、と答えた。

しかし、その言葉が気になって実家に電話を掛けたというのである。

「もし伐るつもりなら、私は絶対に反対。人間の都合で植えたり伐ったりなんて勝手すぎるよ」

そう娘はいった。

そのことを夫に話してみたが、なにを莫迦なことを、といって取り合わない。結局、その週のうちに業者を呼んで伐採してしまったそうである。

ところが、伐ったその日の夜に孫は水疱瘡に罹《かか》ったようで、ひと晩のうちに躯中《からだ》に水泡が生じた。娘も左半身の肌に違和感があるという。T子さんと夫も肌が強くぴりぴりと痛む感覚をおぼえた。

ひどい帯状疱疹《たいじょうほうしん》ができ、長く患ったそうである。

第三十二夜　月と狸

吉田悠軌

福岡県在住の女性ふたりから届いた、いずれも近しい場所での体験談。

久留米ＩＣ手前あたりで、Ａさんは車の左側が気になりだした。やけに大きく赤みがかった満月が、ビルの隙間からのぞいている。

これがスーパームーンというやつか、クレーターまではっきり見えるほどすごいんだな……と感心していると。

「お月さま、なんでついてこないの」

後部座席の娘がそうつぶやいたので、Ａさんはふいに気味悪くなった。娘はドライブ中に月を見かけるたび、必ず「お月さまがついてくるよ」と報告してくるはずなのだ。それがどうして、今日にかぎって……。

そのとたん、赤い月がまっすぐ前方の空に見えた。ついさっきまで、首を左の窓に向けていたはずなのに。不思議に思いながら進んでいくと、今度は月が、少しずつ削れていくではないか。下からシャッターが上がるように、ゆっくりと夕焼けの中に消えていく。

広川ＩＣで降りた時には、もう赤い月は見えなくなっていた。その代わり、まったく別の方角に、黄色く小さい三日月が、ぽっかり浮かんでいたそうだ。

Bさんは出張帰りの夫を迎えるため、福岡空港へ車を走らせていた。いつもどおりの安全運転、夜遅くのため、周囲に車は見当たらない。しかし突然にぶい衝撃音とともに、車体が軽く揺れた。慌てて見やったサイドミラーには、走り去る小さな影がひとつ。

（狸《たぬき》を轢いてしまった……！）

車を停めて周囲を見渡したが、影はすっかり消えている。仕方なしに空港へ向かい、夫と合流。帰りの道すがら、さきほどの現場にさしかかった。

「さっきここでさあ」と言いかけたBさんを「うわあっ！　狸！」夫の悲鳴がさえぎった。

車の正面に、狸がいた。

しかも後ろ足二本だけですっくと立ち、前足を横に広げ、「通せんぼ」しているではないか。血まみれの顔を怒りにゆがめ、こちらを睨みつけながら。

なんとか狸を回避したBさんは、そのまま走り去りつつ、思わずこう叫んだそうだ。

「よかったあ〜！　狸、生きてた！」

高速道路と下道の違いはあるが、どちらも非常に近いポイントのはず。なので私は、このふたつの怪異が、同じ犯人の仕業ではないのかとにらんでいる。

第三十三夜　合格祈願

松本エムザ

塾講師のSさんが担当していたクラスに在籍した、とある生徒の話だ。

能力別のクラス分けで、常に最下位だったM君。

どの教科の授業もついていくのがやっとで、Sさんが勤務するような進学塾よりも、学校の復習を主とする補習塾の方がよいのではと、面談の度にM君の母親に進言したが、毎回泣くわ喚くわの大騒ぎになった。

「息子は、U高校に行くんです！　あそこ以外あり得ないんです！」

U高校は偏差値七十超えの難関校で、確かにSさんの塾では毎年多くの合格者を出していた。だが、M君の成績では、並大抵の努力では合格圏に入れるとは思えなかったし、事実模試でもE判定から上が取れたことがなかった。

塾としては確実に合格者数を伸ばしたいので、生徒それぞれの実力に見合った受験校をアドバイスしていくのだが、M君の母親は頑として講師の意見を聞こうとはしなかった。それはもう病的なほどに。

結局、塾の意見は聞き入れられずに、M君はU高校を第一志望として受験に臨んだ。

「ママが、色んなお寺や神社さんに合格祈願してくれているから、きっと大丈夫です」

そう嬉しそうに語るM君が、母親の行動に少しの疑問も不満も持たず全て言いなりなのも、多くの受験生を見てきたSさんには不思議でならなかった。

しかし、奇跡が起きた。

M君はU高校の一般入試の学力試験で高得点を収め、みごと合格を果たしたのだった。

裏金を積んだのではないか、それともカンニングかなどと噂されたが、月謝を何度も滞納していたM君の家庭の金銭事情や、M君がカンニングなんて器用な真似ができるような生徒でないことは、Sさん自身が良く分かっていた。

それよりも、Sさんが奇妙に感じたのは――

「おかげさまで、無事合格することができました。お世話になりました」

合格の報告にと、改めてM君と母親が塾を訪れた際のことだった。

二人の口から漂う、異様なほどの獣臭《けものしゅう》に、Sさんは動揺した。

「ご縁があった神様に、毎晩お祈りを捧げた甲斐がありました」

そう言って頭を下げて帰っていった二人は、Sさんが認識する限り、一度も瞬《また》きをしなかったうえ、

「明らかに二人とも、以前より黒目が気味悪いくらいにデカかったんですよね……」

M君の母親は、息子のためにいったい何に祈ったのだろうか。

次はT大を目指して大手予備校に入塾すると言うM君親子とは、現在では関わりがなくなったことにSさんは胸を撫で下ろしているそうである。

第三十四夜　雲水

内藤　駆

現在は都内でＯＬをしている立川さんの話。

彼女は中学生になる前の春休み、家庭の事情で母方の実家で過ごしていたという。

雪国にある母の実家には元気な祖母が一人で暮らしていた。

実家の周りは畑だらけでほとんど建物が無く、車が無ければ完全に陸の孤島だった。

そして春になっても実家の周りにはたくさんの雪が積もっていた。そんな場所だから立川さんは祖母の手伝いをする合間は、テレビを観るか本を読むしか楽しみが無かった。


ある日、立川さんがテレビを観ていると、チリンチリンチーンという聞きなれない金属音が外から聞こえてきた。

立川さんが窓から玄関前を覗くと、笠を目深に被ったみすぼらしい恰好の雲水《うんすい》が立っていた。

雲水は玄関前で読経しながら鈴を鳴らしている。

「あれは確か、修行中のお坊さんだったたっけ？　お金とかあげなくちゃいけないのかな」

立川さんは雲水の存在を何かの本で読み、おぼろげながら知っていた。

とは言え、一人で対応するのはさすがに抵抗がある。

二階にいる祖母を呼びに行こうと思ったその時、立川さんは背後に気配を感じた。

チリンチリンチーン

いつの間にか先ほどの雲水が玄関に立っていた。

同時に辺りに嫌な臭いが立ち込めてきた。動物園の臭い、獣の体臭と糞尿の入り混じった不快な臭い。

玄関の鍵は確かにかかっていたはずだ。恐怖で立川さん身動きが取れなくなった。

雲水は笠を目深に被ったまま相変わらず読経を続けている。獣の臭いが辺りに充満し、立川さんは吐きそうになった。

「このナマグサァ、しばらく見ないと思っていたらまた出てきたか⁉」

ちょうど、二階から降りてきた祖母が雲水を見るなり大きな声で怒鳴った。

そして台所の桶に入った水を、雲水に向かって勢いよくぶちまけた。

チリンチリンチーン

水浸しになった雲水は読経を止めるとしばらく黙って立っていたが、最後に一回だけ鈴を鳴らすと玄関からスッと消えた。

同時に辺りに充満していた獣臭さも嘘のように無くなった。

桶を持ったまま、まだ興奮している祖母に立川さんはあの雲水の事を尋ねた。

「アイツにヘタな同情しちゃいけないよ。銭だけじゃなくて命まで取られてしまうからね！　あんた位の歳に妹はアイツに持っていかれたのさ！」

祖母はやや涙目のまま言うと、それ以上のことは教えてくれなかったという。

それから十年以上たった現在、立川さんは駅などで雲水を見かけることがある。

そんな雲水たちの中に、稀に異常なほどの獣臭さを漂わせる者がいるらしい。

あの実家で遭遇した雲水と同じような。

第三十五夜　どんどん

高田公太

その日、倫子さんは家の前の路上で、一人遊びをしていた。ドブの横で花を摘んでいたか、小石をアスファルトに擦りつけて絵でも書いていたかは覚えていないが、道でしゃがんでいたことと、とても暑い日だったことは覚えている。

ふと顔を上げると、小綺麗な洋服を着た厚化粧の老婆が立っていた。

「お嬢ちゃん」と、老婆は倫子さんに声を掛けた。か細く、高い声だった。

「なあに」倫子さんは無邪気に返事をした。

「お婆ちゃんと一緒に行かないかい」また、か細く高い声。知らない人だ。付いて行く気はない。

「ダメ。ここにいる」

「……」

さらに老婆と二言三言を交わしたが、その内容は覚えていない。なんにせよ、老婆は立ったままその場を去ろうとしなかった。老婆がどんな表情をしていたかも記憶にない。

再び一人遊びをしながらも、家の前から去ろうとしない老婆の存在がどうにも気になり始めた頃、手作りのおやつができあがったことを知らせようと、母が外へ出てきた。

母は娘の傍に立つ老婆に目礼した。

「お嬢ちゃん」老婆は先程とまったく同じ調子で、母にそう呼び掛けた。

「え?」と声をあげた母は、既に老婆の様子がおかしいことに気が付いているようだった。

「お婆ちゃんと一緒に行かないかい」また同じ台詞。

「……行く」と母。

思わぬ返答に倫子さんは驚いたが、互いの意志が示された割には二人ともその場から動こうとしないため、見守るよりほか無かった。どれだけ時間が経ったかは憶えていないが、二軒隣の家から車のエンジンが掛かる音が聞こえると、まるでその音で我に返ったかのように倫子さん親子は老婆から離れ、手を繋いで家に入った。おやつを食べている間、母は何事も無かったかのように朗らかだった。

倫子さんが「あのお婆ちゃん……」と言うと、母は「ダメ」と言った。

そのせいで、どうして母と対峙する老婆の見た目がどんどん黒くなっていったのかは、分からず終いとなった。

第三十六夜　夏休みのお試し

伊計　翼

夏休み、ヒマを持て余していた小学生のTくんとIくん。

Tくんの家でふたり、ごろごろしているとIくんがこんなことをいいだす。

「なあ、幽体離脱の話覚えてるか。アレやってみない？」

以前、学校で先生が幽体離脱は意図的にできるといっていた。眠っているときに足の親指を曲げて、躰から魂だけをだすイメージをしているとできるという。本気だったのか冗談だったのかわからないが、Iくんはそれを思いだしたのだ。

「ああ、覚えてるよ。あれホントかな」

「今日の夜、試してみようぜ。オレかお前、どっちかができるかも」


夜になってTくんは「幽体離脱する方法」をやってみた。

足の親指を曲げて、自分の躰が浮くところを想像する。

すると、ふわっと躰が浮く感覚があった。

すこし怖くなって親指をもどした。

いまのはできたことになるのかもしれない。Iくんに報告しなきゃ。

そう思いながらTくんは普通に眠った。

翌日の昼間、ＴくんはＩくんの家にいった。インターホンを押すとＩくんの母親がでてきた。

今日の朝、Ｉくんが布団のなかで冷たくなっていたという。

第三十七夜　草

我妻俊樹

夏の暑い盛りで、夕方になっても汗が引かなかった。

悦吏子さんはポスティングのバイトで一日中住宅街を回ってへとへとになっていた。

どこか涼しいところでひと休みしてから家に帰りたい。そう思ったものの、なけなしのバイト代を一杯何百円もする飲み物に使うのはもったいない。

そんな気がして、一本八十円の格安自販機のウーロン茶で我慢することにした。

一気に飲み干した悦吏子さんは自転車を飛ばすと、まっすぐ自宅アパートのある隣町へと向かった。

途中で急な坂道にさしかかり、ぬるい風を顔に浴びながら漕ぐ足を休めて下っていく。

ふと前を歩いている人の姿が目にとまった。

どんどん近づいてくるその背中は冬物のコートを着込んでいたのだ。

膝下まであるベージュの女物のコート。見ているだけでさらに汗が噴き出してきそうになる。

いったいどんな人なんだろうと気になってしまい、追い抜きざまに悦吏子さんはちらっと顔を覗き込もうとしたという。

「えっ」

その瞬間、彼女は派手に転倒した。ほとんど自転車ごと一回転するような落ち方で路面に頭や肩をひどく打ち付けてしまった。

動けなくなって寝たまま唸っているところを、通りかかった人が救急車を呼んでくれて、悦吏子さんは病院に搬送された。幸い頭のこぶや体のあちこちに打撲傷ができていただけで、骨折などの大きな怪我はなかったようだ。

「その追い抜いたコートの人だけど、顔に草が生えてたんですよね」

悦吏子さんは言う。

「いえ髭《ひげ》とかじゃなくて、なんていうか、たぶん目も鼻も口もなくて。髪の毛や耳は普通にあったと思うんですけど、ただ顔にあたる部分が全部芝生みたいな短い草で覆われてて。ようするに〈草人形〉みたいなのがコート着て歩いてたんです」

驚いてハンドル操作を誤り、転倒したのかと思えばそうではないのだと悦吏子さんは語る。

「その人、いきなり私の腕を掴んだんですよ。こっちは半袖で肌が剥き出しだから感触でわかったけど、手のひらにも草が生えてました」

そのとき乗っていた自転車は転倒時にカゴの形が歪んでしまったものの、乗るにはとくに支障はなさそうだった。

だが前輪のタイヤにかなりの量の短い草が付着していて、剥がそうとするとぶちぶちと途中で切れてしまう。それがまるでタイヤから草が生えているようで気持ち悪かったので、悦吏子さんはその自転車を処分してしまった。

夏の後半は、徒歩でポスティングを続けたという。

第三十八夜　べろべろ

神　薫

父方の祖母が亡くなったという知らせを受け、川又君は実家へ馳せ参じた。

実家に着いたとき、祖母の遺体は既に病院から戻ってきていた。

〈死に目には間に合わなかったけれど、せめて顔を見てあげて〉と言われ、祖母の眠る部屋の引き戸を開けたところ、部屋の中に何者かがいた。

着物を着た黒髪の女が、寝かされた祖母に覆いかぶさっている。

頭を前後に揺らし、女は死せる祖母の顔、とくに額の辺りを一心不乱に舐めていた。

「あんた誰だ、そこで何してる！」

父の怒鳴り声に反応してか、女はくるりとこちらを向いた。

女の額の真ん中には、インドのビンディのように目立つ突き出たホクロがあった。

「その女、白い着物を着てたんです。襟《えり》の合わせが、横たわる祖母と一緒で……」

ふ、と薄く笑って、死に装束をまとった女は消えた。

「さっきの女、若い頃のばあさんだった」

父親はそう言うが、祖母の額にあんなに目立つホクロなどはなかった。

川又君がそう言うと、〈俺が子供のころ、大仏みたいだとからかったせいで、ばあさん……おふくろは気にしてしまって、何十年も前に手術でホクロを取ったんだ〉と父親は涙を見せた。

第三十九夜　小瓶

渡部正和

今から二十年以上も前の話になる。

佐久間さんの祖母が亡くなったのは、新年を無事に迎えてしばらく経った頃であった。

夕食の後、彼女は突然具合が悪いと訴えて病院へ搬送された。

「大丈夫だよ。心配いらないから」それが祖母との最後の会話になってしまったのだ。

あれから数週間経過したが、あまりに突然のことで心の整理が全く付きそうにない。

間もなく大学受験を迎えるというのに、勉強も思うように捗らない。


その夜も、佐久間さんは炬燵に入って受験勉強という名の夜更かしをしていた。

時刻は深夜二時になろうかとしていたそのとき、祖母の顔が目の前にヌッと降りてきた。

首から下は霞に隠れたように曖昧模糊としていたが、その懐かしい顔に、彼の視線は釘付けになった。

「……捨てて……捨ててちょうだい……後生だから」

そう言いながら、頼み込むように視線を下げる。

「寝床……寝床……その下に……」

訳も分からず彼が頷くと、祖母の顔はすぅと消えてしまった。

隣室で寝ている両親を起こさないように細心の注意を払いつつ祖母の部屋へと向かう。

小振りの懐中電灯でベッドの下を照らすと、小さな木箱を発見した。

埃と蜘蛛の巣を手で払って蓋を開けてみると、そこには小汚い空の小瓶が入っていた。

表面に貼られた紙には達筆で何か書かれていたが、語尾の「教」しか判別することができない。

瓶にはコルク栓がしてあったが、中に入っていたものは既に蒸発していたらしく、瓶の内部に得体の知れない物質がこびり付いている。

そして瓶の底に澱のように溜まった汚れをまじまじと見ていたとき、その正体が頭髪の束らしきものであることが分かった。

彼は恐る恐る瓶を元に戻して木箱に入れて、祖母に言われた通り処分することにした。

「もちろん、学校のゴミ焼却炉ですね。その中に、こっそりと……」

それ以来、佐久間さんの目の前にお祖母さんは現れていない。もちろん小瓶の正体も不明である。

第四十夜　せめぎ合う

あみ

テラさんという男性。

数年前、彼が高校三年生でいわゆる受験生だった時の話。

自宅は二階建ての一軒家。二階に自室があり、毎晩夜遅くまでそこで勉強をしていた。

自室に入って一番奥の壁にベッドを横向きにつけて置いていた。寝転がると右側がその壁となるので、仰向けになって右手を少し横に広げるとすぐにその壁にあたる。そして、その少し上に手を伸ばすとすぐに窓がある。その窓は横にスライドするタイプの窓なのだが、それを寝転がったまま手を伸ばしよく開け閉めをしていたのだ。


その日も遅くまで勉強をしていた。

両親も寝静まった深夜、一区切りついた所で休憩することに。

頭も目も疲れたし、身体もずっと同じ姿勢で座っていて疲れたので、椅子から立ち上がるとすぐにベッドの上にダイブし、仰向けになった。

明るい部屋の中、仰向けに寝転がったまま身体を伸ばしたあと、リラックスして、そっと目を閉じると、突然金縛りにあったのだ。

（あれっ……身体が動かない。目が開かない）

頭の中に浮かんだのは、（ああ、脳が起きていて身体が寝ている時に金縛りになるって聞いたことあるな）ということだった。

そんなことを考えていると、目を開けられない中、仰向けの自分のお腹の上にハッキリと何かがズシンっと乗った。重さがしっかりとあるのだ。

直後、自分が右腕を動かしている事に気づいた。

壁伝いに上に上に。窓に手を掛けると窓をススッと開け始めた。

自分の意思とは違う。目が開かない真っ暗な中、自分が窓を開けている。人一人分開くと、身体を起こし始め、両手を窓のふちにかけ、窓に足をかけそこから飛び降りようとしている。

（これはマズい！）

真剣に危ないと思い強く抵抗しようとした。先程までと違い、強く思い抵抗しようとすると、窓のふちから部屋の中に身体を戻そうとはできる。ただ、そこで少し気が緩むとまた窓に足をかけて飛び降りようとしてしまうのだ。また強く抵抗しようとすると戻る。ほんの少し気が緩むとまた飛び降りようとする。そのせめぎ合いなのだ。

そして気づいた。なんだかまぶたが重くない。目が開くのだ。

開けると目の前には窓の外の景色。

強く抵抗しようと身体を窓の内側に戻すと、すぐ真横には女が居て、自分の身体を掴み外へ飛び降りさせようとしていた。

あまりにも恐ろしかったのだが、怖がることよりも飛び降りないようにすることに必死で、とにかく強い意志で抵抗し続け、せめぎ合っていると、ふと身体が軽くなった気がした。

シンとした部屋の中、ベッドの上で窓に手を掛け今にも飛び降りそうな姿勢で一人でそこにいる自分に気づいた。

他に誰も居ない。

その後もずっとその家のその部屋に住んでいるが、一度だけそんなことがあったそうだ。

第四十一夜　憑依

匠平

僕の勤めているスリラーナイトの店内では「たま」という名前の猫を飼っている。

当時まだ子猫だったたまは営業が始まる前にスタッフの休憩室に連れて行かれ、営業が終わるまで休憩室で過ごしていた。

その日の営業前。

ホールでまだ遊んでいたたまと、営業準備のため、たまを捕まえなければいけないスタッフとの追いかけっこが始まる。

スタッフとたまの攻防が数分間繰り広げられ、やっとたまを壁に追い詰めることに成功したスタッフが優しくたまを抱きかかえた。と思ったら、たまの顔を見た瞬間に、

「ママ⁉」

と叫び声をあげた。僕はなんのことかと思っていたが、その数時間後、隣の和食小料理屋に用事があり、顔を出しに行くと、

「さっきたまに入って遊んでたらトモにバレたでや」

そこのママが、たまと追いかけっこをしていたスタッフの名前を言って笑った。

第四十二夜　夢現

三雲　央

これはついさっき、四時間くらい前に短大生の佐倉さんに聞いた話です。

佐倉さんはいまワンルームの寮にお住まいなのですが、今朝、目を覚ましたら後ろ髪の毛先を一センチほど鋏《はさみ》かなにかでばっさり切られていたそうです。一人部屋で戸締りに何の問題も無かったにもかかわらずです。

他の寮生にそのことを話すと、「えっ、佐倉さんも？　あたしもだよ。おかげで枕周りの掃除大変だったよー」と、同じような目に遭っている女の子が何人か居ました。

その子たちに更に詳しく話を聞いてみると、髪を切られた数人が昨晩、揃って似たような夢を見ていたことがわかりました。

それぞれの女の子たちの母親らしき人物の膝元が夢に出てきて、みなそこに頭を乗せて何度も何度も手櫛《てぐし》で髪を梳《す》かれていたと言うのです。

これが大層気持ちが良かったらしく、お陰でみな強く印象に残っていたようなのです（ちなみに佐倉さんはこのような夢は見なかったそうです）。

ともあれ、こんなことが起こった所為《せい》でいま現在、寮内はなかなかの騒ぎになっているとのことです。

以上、続報が入ったらどこかにもっとちゃんと書こうと思います。

第四十三夜　顔

下駄華緒

ある日、フリーターをしながらバンドをしている二十代の男性がワンルームマンションの自分の家に帰ると、部屋の真ん中の空中に、中年の男性の顔が浮かんでいたそうです。

ちょうど、生首のような感じと言っていました。

それを見た瞬間「あ、気づかないフリをしよう」と何故か思ったそうです。

これと関わるとよくないと本能的に感じたと言ってました。

ですが、それから毎日毎日バイトが終わって家に帰ると必ずいるらしいです。

しかも、いつの日からか話しかけてくるようになりました。

その内容は「なぁ」とか「おい」とか「わかってるだろ？」というような内容です。

それでも無視してずっと生活を続けていたそうです。

ですがある日、それがバイトのことなのかバンドのことなのか、もっと違うことなのかはわかりませんが物凄く腹が立つことがあってイライラしながら家に帰りました。

部屋に入るなりケータイを投げてテレビも荒々しくつけてムシャクシャしていると、またいつものあの空中に浮かぶ生首が話しかけてきたんです。

「なあ？　なあ？」と。

その時、苛立《いらだ》っていた彼は思わず「うるさい！」と叫んでしまい、あ！　しまった！　と思ったと言います。ですが、そこから意外な展開を見せます。

なんと、それから数ヶ月間、その生首と仲良く普通に毎日短い会話をするようになった、というのです。内容は「なあ、いまなにしてる?」とか「どこいってた?」と聞いてくるので「ケータイさわってるよ」とか「バイトいってた」と答えるくらいのものです。

それでも毎日そういう生活をしていると慣れてくるんですよ、と話してくれた人は言います。

ですが、彼はのちに後悔することになります。

ある日、いつものように生首が話しかけてきました。

「なあ、相談あるんだけど」と。

彼は、え? と思ったそうです。そんな感じの会話の始め方が初めてだったので意外だったと。

珍しいなと思いつつも彼は答えます。

「なに?」と。

すると生首はこう言いました。

「そろそろ……体くれよ!」

それを言われた瞬間、初めて生首を見たあの日に感じた「関わらない方がいい」という感覚がブワッと蘇り、怖くなって家を飛び出したそうです。

その後、お祓いをしてもらって解決したとのことです。

最初の頃に仲良くしていたのは、体をずっと狙っていたんですね。

霊が人を欺《あざむ》くという珍しい話でした。

第四十四夜　バナナのおばけ

吉田悠軌

「バナナの木に穴があいていたら、気をつけないといけません」

シンガポール人のとある女性が、そう教えてくれた。

「シンガポールでは、バナナの木にすんでいる、おばけがいるからです」

たぶんそれは「ポンティアナック」のことじゃないだろうか。

マレー地域では有名な妖怪（幽霊？）で、主に白い服を着た女の姿であらわれ、人間たちの血を吸うのだという。

「いえ、ポンティアナックではありません。バナナの木に住んでいるところは似ていますが、また別の、こわいおばけです。そのおばけを呼び出すおまじないがあります。赤い糸を結んだ針を、バナナの木に刺していくのです」

ほお、それは初耳だ。

「だからもし、あなたの家のバナナの木に、小さな穴が沢山あいていたら気をつけて。それは誰かが、おばけを呼び出した証拠なのです」

でも、どうしてわざわざ、こわいおばけなんか呼び出す必要があるのだろう。

「宝くじの番号を教えてくれるからです。あとセックスするため」

ふむ。前者については、なんとなくシンガポール人らしい理由かなあ、と納得できる。

しかし後者が、よくわからない。おばけとセックスしたい人なんているのだろうか？ひょっとして、そのおばけというのは、絶世の美女だったりするのかな？

「私が幼い頃、私のおじいさんが、そのおまじないをやりました」

こちらの質問に答えず、女性は話を続けた。

「ある日、おじいさんがこっそり針を手にもって、庭にあったバナナの木にぷすぷす穴をあけていたのです。私はそれを物陰から覗いていました。すると、その夜、男が現れました。大きくて、毛深い男が、庭を歩いていたのです」

男？　女ではなく？

「はい。猿のような大男が、こちらに向かって、ゆっくり歩いてきたのです。こわい、こわいおばけでした。私は寝室の窓から、がくがく震えながら、男を見つめ続けました」

女性はそこで話を止めた。

その後、彼女と大男がどうなったかについては、なにも語ってくれなかった。

だから話はここで終わりなのだが、女性が最後に教えてくれたことが、ひとつ。

「宝くじは当たりませんでした。おまじないは失敗したのです」

第四十五夜　毛穴

つくね乱蔵

柿谷さんが中学生の頃、体験した話である。

当時、柿谷さんの同級生が行方不明になった。

名は今井啓子。おとなしく目立たない子である。

啓子が消えたのは、梅雨入りして間もない朝だ。

母親が、起きてこない啓子の部屋に行くと、既に無人であった。

警察に通報し、村人総出で山狩りを始めて二日目の朝。

啓子は村の神社で眠っているところを発見された。

怪我もなく、意識も明瞭だったが、どうして自分がそんな場所で寝ていたか、どうしても思い出せない。

夜明け間際、誰かに呼ばれたことだけは覚えていたという。

発見された二日後、啓子は登校してきた。

今までと変わらない様子である。少し伸びたのか、長い髪を後ろで束ねているところだけが違っていた。

教室に入ってきた当初は、柿谷さんも注目していたが、授業が始まって数分で興味を失っていた。

一限目が終わる頃、柿谷さんは何気なく啓子に目をやった。

途端に目が離せなくなった。耳たぶの少し後ろに穴が開いている。

見間違いかと思い、柿谷さんは目を凝らした。

やはり、どう見ても穴が開いている。

鉛筆が楽に差し込めそうな大きさだ。血や膿が出ている気配は無い。

内側の肉は見えず、真っ黒である。

痛くないのだろうか。ああいう病気なのか。

次々に疑問を浮かべながら尚も見ていると、穴に変化が生じた。

髪の毛が這い出してきたのである。髪の毛はうなじを伝って背中まで延び、また穴に戻っていった。

その日、毛は何度も穴から這い出しては戻った。

近くにいる級友は誰一人気づいていない。

どうやら、穴が見えるのは柿谷さんだけのようであった。

結局、その日からずっと啓子の穴は塞がらなかった。

卒業式当日も啓子は穴から毛を吐き出していた。

第四十六夜　想い出

服部義史

ある休日のこと、伊東さんはクローゼットの整理をしていた。

すると、引っ越してきた時からそのままになっていた段ボールが妙に気になった。

中を確認すると、どうでもいいような家電の取説や職場で渡された資料類が無造作に詰め込まれていた。

折角だからとこの機会に選別し、不要な物を廃棄することに決めた。

すると資料の間から、一枚の写真がずり落ちてきた。

手に取ると、教室を背景にして高校の同級生たちが写っている。

ただその同級生たちはいつも遊んでいた友人たちではなく、クラスが一緒だっただけの関係。

（直樹と浩と雄二と俺って、全員、敵対してた別グループじゃん。おかしくね？）

彼の高校は所謂不良が集まる学校として有名で、日常のようにグループ同士の喧嘩が絶えない状態だった。

そんな関係であるのに、こちらを睨みつけるような顔をしながら、一列に並んで連帯感を出しながら不良独特のポージングを決めている。

伊東さんは納得することができずに、高校からの友人である武田君に電話を掛けた。

「あのよー、俺と直樹と浩と雄二って、一度でもつるんだことがあったか？」

「俺らは最強だぜ。あんなクソみたいな奴らとつるむ訳ねぇだろ」

「だけどよー、なんか知らんが、一緒の写真があるんだわ」

「ふーん、まあいいんじゃね。記念っちゃ、記念だろ。大事にしてやれよ、もう二度と撮れねぇ写真だしな」


〈二度と……？〉

何故かその言葉が引っ掛かり、武田君を問い詰める。

「あれ、聞いてないの？　あいつら順番に死んでんじゃん。ここ数日で」

写真に写っていた三人は、バイク事故で亡くなっていたという。

「なんか気持ち悪いっすよね、色々と……」

伊東さんは次は自分かもと恐れ、それからはバイクには乗らないようにしている。

第四十七夜　連鎖

橘　百花

茉莉さんの大学の先輩が亡くなった。

先輩は事故の少し前に、中古車を手に入れていた。その車を運転中の事故死。

自宅近くの路上で車の窓から首を出し、そのまま車を後進させた。その際、近くにあった電柱に頭を強く打った。それほどスピードは出していなかったと思われる。

茉莉さんもどのような当たり方をしたかの詳細は確認しなかったが『首が切れて、落ちた』と人伝に聞いた。

不注意の事故死。同乗者はいなかった。


後日。亡くなった先輩と親しかった友人の一人が、その中古車について調べている。もちろん車に直接の問題はない。

時間をかけ調べていくうちに、その車が所謂『事故車』という答えに辿り着いた。

先輩がそれを知った上で乗っていたかは知らない。

「前の持ち主も、同じように死んでるって」

先輩の死に方とほぼ同じ。首が落ちて死んだ。

そういう車だから先輩も――

前の持ち主も亡くなっていると聞くと、二人の死を結びつけたくなる。茉莉さんもそうだ。

調べた友人が、最後に付け加えるように言った言葉が耳に残る。

「あの車、死んだのは前の持ち主だけじゃない。過去にもう一人、同じように死んでる人がいる」

第四十八夜　呪われた一族

壱夜

話の提供者であるAさんとその父、更には祖父にも手の平に刀傷のような傷がある。

自らはダイヤモンドカッターでの作業中に、父は交通事故で、祖父は闇市で強盗に襲われた際に傷を負った。

そして全員が三十代半ばで神経性の病にかかり、半身不随など重度の神経障害を負っている。

これはある呪いによるものだとAさんは言う。一族にかけられた呪いなのだと。


Aさんの一族は昔、刀鍛冶の職人を束ねた総大将を執り行い、室町時代に天皇陛下より勅命を受け、それ以後全国の刀鍛冶に伝達をし、製造を行ってきた。

ドラマやテレビゲームなどでよく知られる「マサムネ」や「菊一文字」など、様々な名刀を創り、世に名を馳せたという。

しかしある時から、この一族に異変が起こり始める。直系にあたる跡継ぎが、必ず大きな怪我と病に遭うようになったのだ。

まずその前兆として、死装束を纏《まと》った女性が枕元に立つ。

するとその数日後、両手のひらの神経を切断するほどのひどい怪我をし、次いで病がその身を襲い、寿命を大きく損なった。

結果直系の跡継ぎは、短命な上に両手に大きなハンデを負いながら刀鍛冶《かたなかじ》を続けるという、茨の道を強いられたという。

Aさんは自分の代でどうにか呪いを終わりにできないかと、ある時霊験あらたかな神宮の宮司に「死装束の女性を祓って欲しい」と依頼したことがあった。

しかしAさん宅を訪れた宮司は、青ざめた表情で依頼を断った上で、

「死装束の女性というのはあくまで代表的な存在です。あなたの一族が作った刀は何千、何万とあり、その刀は何十万、何百万と人を斬り殺してきた。その怨念があなたの一族に纏わりついており、こんなに恐ろしいモノは私の手に負えません」

そう言って帰っていった。

Aさんは祖父から、この死装束の女性について、こう聞かされている。

先祖が遊郭で手にかけた遊女で、更にその際に火を放ったと。

父と祖父は、高熱にうなされ敗血症で亡くなっており、Aさん自らも最期は敗血症で死ぬのだろうと考えている。

第四十九夜　横断歩道

徳光正行

ある夏の昼下がり、芦田さんは都内の幹線道路で信号待ちをしていた。

ジリジリと照りつける太陽を睨むように見上げた後、視線を落とすと、隣に白いワンピースを召した女性が日傘をさして立っていた。

女性は大きく膨らんだ腹を摩って何度もため息をついていた。

（きっと妊娠しているのだろう）

そう思った芦田さんは「この暑さこたえますよね」と声をかけると、目元は日傘に隠れて見えなかったのだが女性はにっこりと口角を上げ会釈してきた。

そして次の瞬間、女性は赤信号の横断報道に向かってずかずかと歩を進め始めた。

「ちょっと、何してるんですか。危ないですよ」

芦田さんが言い終わるか終わらないかのうちに中央分離帯まで辿り着き、こちらを向いて手招きをしている。

唖然と立ち尽くしているとさらに歩を進め「あっ」という間に反対側に渡っていた。

女性はさらにクロールをしているかのように大きく手を振り「おいで、おいで」と手招きをしている。目の前の異様な光景と、女性が横断している間にどの車もスピードを緩めず走行していることに気付くと、背筋に冷たいものが走りブルッと背中を揺らした。

瞬きを数回すると信号は青に変わっていた。

横断歩道の向こう側には誰もいなかったのだが、信号脇に夏の日差しで萎《しお》れた献花がもたれかかっていた。

「そういうことだったのか」

怖さよりもやるせない気持ちになり、献花に手を合わせ一礼をし踵を返すと、

「そういうことなの」

女の呟きと息づかいが右耳を襲った。

ハッと振り向くと白いワンピースの女性が先ほどと同じくにっこりと口角を上げて佇んでいた。

ただ先ほどと違ったのは日傘が閉じられていたこと、そして日傘で隠れて見えなかった部分が見えてしまったこと……。

口から上の目鼻額の部分が抉《えぐ》られて、真っ暗な空洞のようになっていたそうだ。

第五十夜　実際にある

匠平

「自殺の名所って言われる場所に行くと、『呼ばれる』とか『引っ張られる』ってテレビで霊能者が言っていたけど、呼ばれたり、引っ張られたことってありますか？」

副業で霊媒師をしているツトムさんは「あるよ」と、当たり前のことのように笑った。

ある日、ツトムさんが交差点で信号待ちをしていると、不意に左手を握られた。

何事かと左を向いてみると、七歳くらいの女の子が自分の左手を握って横断歩道をじっと見ている。

あー、そういうことか。この女の子は自分のことを親か誰かと間違って手を繋いでしまったんだろう。それなら間違っていることを教えてあげないと。

ツトムさんは女の子に声を掛けるために姿勢を屈めようとした。

「お母さんから横断歩道を渡る時は手を繋ぎなさいって言われたの」

女の子が顔を見上げながらハッキリとした口調で言った。

綺麗な二重瞼《ふたえまぶた》でまつ毛の長い、お人形のように可愛い顔つきの女の子。

少し驚いたが自分の手を握った理由がわかり、難しいお願いでもないから女の子のお願いを聞いてあげることにした。

「そうだったんだね。なら、おじさんと一緒に渡ろうか」

嬉しそうに笑う女の子に手を引かれながら、横断歩道を渡り出した瞬間、右肩を強く引っ張られて、ツトムさんは尻もちをついた。

「あんた、なにを考えているんだっ」

白髪交じりの初老の男性が顔を青くして、自分の右肩に手を掛けている。

一瞬、なにが起きたかわからなかったが、すぐに我に返る。

そうだ、転んだ時に手を繋いでいた女の子を巻き込んでしまったかもしれない、と左側を見ると、直前まで手を繋いでいた女の子の姿がどこにもない。

目の前の交差点は車がひっきりなしに走っており、信号は赤信号のまま。

そうか。あの子は霊だったのか。危なく事故に遭うところだった。

初老の男性に助けてもらった感謝を述べると、

「ここの交差点は昔から自殺するためにわざと飛び込んでいく人が多いんだ」

と、教えられた。

冷静になると、何故自分は女の子に手を引かれただけで、車が往来する交差点を渡ろうと思ったのだろう。

あの女の子が自殺した霊とは考えにくいが、自殺の名所と言われる場所には『呼ぶ』『引っ張る』ということが言葉のあやなどではなく、物理的に起きているようだ。

第五十一夜　赤い女

下駄華緒

バーで働いていた時の話です。

当時、大阪の難波でバーをひっそりとやっていました。ここでは実に色んな人がお店にきて色んな話を聞くことができました。

そんな中、物凄く不思議なことがあったんです。


ある日「今日はそろそろ締めようかな」と思っていた夜更け、チリンとドアが鳴り一人お店に入ってきました。

「いらっしゃいませー」と声をかけたその人は二十代くらいの若い女性でした。

注文を聞きお酒を出すのですが……その女性は絶対と言っても過言でないくらい僕の方を向かないんです。こちらが話しかけても絶対にこちらを向かず、俯《うつむ》いたり左右を見たりして話を続けていました。

変だな、と思いつつも、その女性はものの十五分ほどでお帰りになりました。

会話が弾まなかったこともあり、ぼくが「何か悪いことでもしたのかなぁ」と首を傾げていると、お店のドアの外からあの女性がこちらに向かって手招きをしているんです。

え？　と思ってその女性の誘うままに向かうと女性が急に僕にこう言いました。

「あなたのすぐ隣に、全身が赤い女の人がいる。気をつけた方がいい」

まったく予想もしていなかったことを言われたぼくは、「そうですか……」と返事することしかできませんでした。

でも、思い当たることがないわけでもなかったんです。

実はその時期に僕は何故かお店の内装を真っ赤にしていました。壁も天井も赤い布で覆い、照明、置いてあったテレビでさえもわざわざペンキで赤く塗ってたんです。


それから数日……また夜更けに一人の女性がお店にやってきました。

三十代くらいの女性で、お店に入るなり一言「ここ、いるね！」と。

「え？　どういうことですか？」と興味津々の僕はその人に根掘り葉掘り聞きました。するとこうらしいです。

「この店についているのか貴方についているのかはわからないけれど、あなたの横に真っ赤な女性が立っている」……と。

先日来た、あの二十代の女性と同じことを言ってきたんです。

さすがの僕もびっくりしたんですが、続けてこうも言われました。

「このお店の内装、多分誘導されてるからやめた方がいいよ」

彼女曰く、僕がその赤い女性に誘導されて店内を無意識に赤くしてしまっていると、そう言うんです。

自分のことを気づいてもらいたい一心で貴方に訴えかけている、と。

その方がお帰りになったあと、僕は急いでお店を閉店にし、すぐさま一人お店で内装を戻すことにしました。

そして戻してみると急に心が晴れやかになったというか、とにかく明るい印象の空間になったんです。

なんで今まで赤くしてたんだろう……と自分でも不思議になりながら、内装も戻したことだしディスプレイを壁に何か飾りたいと思いました。

色々悩んだ結果、僕はレコードが好きなのでお店に百枚以上あるレコードを九枚ほど選んで壁に飾ろうと思いついたんです。レコードを引っ張り出してワクワクしながら選びました。そして選んだ九枚を壁に飾りました。

よし、遠目で見たらどうかな？　と思い少し離れたところから眺めた時に全身に鳥肌が立ちました。

本当に本当に、無意識で選んだ九枚のレコードは、すべて女性の顔のアップの写真のデザインのレコードだったんです。

自分のことを気づいてもらいたい一心で、訴えかけている……。

あの女性の言ったことが頭によぎりました。

第五十二夜　赤い女

緒方あきら

Sさんは会社の残業の帰り道、赤い女を見たという。

Sさんの前を歩く女性のことを彼がそう呼んだのだが、いわく
「赤いハイヒールと赤っぽいストッキング、赤いスカートに赤いジャケットに赤いバッグ。もう全身赤ずくめなんだよ」

とのことである。

この赤い女があまりにも真っ赤なせいか、街灯に照らし出される影までも赤く見えた。錯覚だとはわかっていても、Sさんにはどうしても何度見ても女性の影まで赤く揺れて見えたのだという。どうにも気になって、Sさんはその影をじっと見てしまったそうだ。

赤い女は女性にしては早足で、普通に歩く男性のSさんと歩幅がほとんど変わらない。一定の距離を保ったまま、Sさんは女性の後ろをしばらく歩き続けることとなった。

――なんだか彼女のあとをつけてるみたいで嫌だな。

Sさんがそう感じるほど、赤い女の進む道とSさんの帰り道は一致していた。

そしてなんと、Sさんが暮らすアパートのなかにまで赤い女は入っていったのである。

アパートの薄暗い廊下を奥へ奥へと歩いていく女。

そのあとを追うSさん。

女が突き当りで、ふっと横に曲がってその姿を消した。

Sさんもそのまま突き当たりまで歩く。そして道を曲がろうとしたときに気が付いた。

女が消えた先には、道などなかったのである。

ただ打ちっぱなしのコンクリートが、無機質な壁となっているだけだ。

女はどこに消えたのか。

明かりの届かない暗い壁に伸ばしそうになった手を、Sさんは嫌な予感を覚えて止めた。

視界に、かすかに赤い影がよぎったのだという。


——ちっ。


どこからか舌打ちの音が聞こえた。

周囲を見回すと、そこはSさんが住んでいるアパートとはまるで違う廃アパートだったという。

「確かにいつも通りの帰り道を歩いていたはずなんだけど、気が付いたら全く知らない場所でさ」

いつのまにか魅入られていたのかもしれないな、とSさんは言った。

あのとき、何も気づかずに真っ暗な壁に手を伸ばしていたら——。

そう考えると今でもぞっとするという。

それっきり、その赤い女には出会っていないそうだ。

第五十三夜　張り付く手のひら

壱夜

　現在三十代でサラリーマンをしているマサシさんは、その日お相手の女性と、展望タワーにて夜景を楽しんでいた。

　薄暗い中、窓側を向くようにして設置されている二人がけのソファで肩を寄せ合う。足元には透明でぶ厚い強化ガラスがはめ込まれており、覗き込むとライトアップされた景色が見えた。

　甘いムードに酔いしれていると、ふと足元が気になった。

　マサシさんが見ると、そこにはぺたりと左右一対の手のひらが張り付いている。細くて長い指先は、どうやら女性のものだろうか。

　その様子を唖然と見ていると、手のひらはガラス面を叩き始めた。

　始めのうちはペタペタと、次第にその強さは激しくなり、バンバンと勢いよく叩くようになる。ぶ厚い強化ガラスなので、音はまったく聞こえない。お相手の女性はまったく気づいていない様子で、マサシさんの太もも辺りをさすっている。

　これは怖がらせてはいけないと、黙って足元の手のひらを注視していると、その手のひらは左手だけ手首を返すようにして手の甲をむけてきた。

　右手は相変わらず激しくガラス面を叩き、左手は動かさずにぐぅ〜っと押し付ける。

そこでマサシさんは、その手の主が誰だか思い至った。自分の妻である。左手の薬指には、見覚えのある結婚指輪がはめられていたのだ。

マサシさんは数ヶ月前から、職場で事務処理担当の二十代女性と不倫をしていた。言い寄られる形ではあったが、歳の離れた異性からのお誘いは刺激的で、理性で気持ちを抑えることができなかった。

これは間違いなく不貞の恋がバレたのだろうと、その日のうちにマサシさんは不倫相手に別れを告げた。

それから三年が経つが、その後妻から何か言われたり、そういった素振りも一切ない。今では男児も生まれ、幸せな生活を送っているという。

あの手が妻の生霊だったのか、自らの自責の念で作り出したものなのかはわからないが、マサシさんは二度と不倫はしないと、心に決めている。

第五十四夜　真夜中の異音

響　洋平

東京某所でバーテンをしているミカさんという女性が体験した話である。

彼女が十三歳の時。実家に妹と二人で使っている部屋があった。四畳半程の小さな部屋で、それぞれの勉強机と本棚、そして二段ベッドが置いてある。幼少の頃より使っている二段ベッドだが、上段にミカさん、下段に妹が寝ることになっていた。

ある日の夜。二段ベッドの上段でミカさんが寝ていると、ぐ……ぐ……、という何かを擦り付けるような低い異音が聞こえ始めた。どこから鳴っているのかわからない。

「ねえ……、変な音、聞こえるよね？」

下段で寝ている妹に声を掛けたが、妹は何も聞こえないという。家の配管の音だろうか。それにしては随分と近くで聞こえるような気もする。音自体が怖いというより、どこから聞こえてくるのかわからないことが不気味だった。音は断続的に続いている。

気にはなったが、いつの間にかミカさんは眠りに落ちていた。


ぐ……ぐ……。ぐ……。

真夜中にミカさんは目が覚めた。すぐ耳元で、あの音が聞こえている。

音が近い。彼女は思わず息を呑んだ。仰向けに寝たままゆっくりと目を開いた。部屋は暗い。

天井の模様が見える。異様な緊張感が部屋の中に漂っていた。

異音は耳元で鳴っている。彼女は気付いた。これ——人の呻き声だ。

横を見ると、ベッドの手摺りが見える。その向こう側に、何かがいる。

こちらを見下ろすように覗き込む、女の顔だった。

その女の首は、長く伸びている。まるで頭部を何かに吊り下げられたようだった。

大きく見開かれた眼球は、死んだ魚の目のように光を失っている。

だらしなく開かれた口から、黄色い体液がぼたりと垂れた。

ミカさんは、絶叫して飛び起きると、部屋を飛び出して父親の寝室へと駆け込んだ。

「お父さん、部屋で寝ていたら変な呻き声が聞こえて……」と、言い掛けると、話を聞き終える前に父が静かに口を開いた。


——お前にも、見えたのか。

第五十五夜　不可

久田樹生

早朝、ある男性の自宅ドアが激しく叩かれた。

またか、と応対に出れば、一年以上前に別れた彼の妻が立っている。

離婚原因は、彼女にあった。

元妻は玄関先に膝を揃え、構わず地面に頭を擦りつける。

「お義母《かあ》さんが四六時中、電話掛けてきたり、来たりして私を苦しめちくる。本当に心から謝るけん、何とかして」

母が自ら命を絶ったのは半年前の事だ。

だから、相手が何を言おうと、何度やってこようとも、どうしようもない。

いつものように「諦めち、帰れ」としか言えなかった。

第五十六夜　眠ったあとの部屋

鳴崎朝寝

確認したいことがあって弟の洋二さんに電話をした片桐さんは、壁の時計を見て「あ、しまった」と思った。

洋二さんは昔から眠ることに拘《こだわ》りが強い。夜の十一時半は、もう寝ているかもしれない。

だが数回の呼び出し音の後で、電話は取られた。

「おう洋二、遅くにごめんなー」

『……』

(返事ないし、やっぱり寝てたかな……。電話は取ったのに?)

寝ぼけて、もしくは間違えてスマホで電話に出てしまっただろうか。電話の向こうで「うん、……うん」という魘《うな》される声がした。

あと、――部屋からは小さく、女性の歌声が聞こえた。テレビでもつけっぱなしなのか。

それは、疲れた声で歌われる子守唄のようだった。弟からの返事がないのでキツネにつままれたように、その日はそのまま電話を切った。

翌日、同じ用件で電話をかけた。あっけなく用件は済んだのだが、洋二さんは前日の電話の件はまったく知らないと言う。

だが、着信履歴には確かに残っていた。通話は二分。発信者は片桐さんである。

「スマホ充電してんの、わりと遠くなんだけど」

近いと布団に入ってからも見てしまうので、睡眠に拘る彼は離したところに置いている。

そんな流れから、睡眠も最近快適でない、という話になった。

洋二さんは、それからも数ヶ月その部屋に住んでいた。

だが、ある日電話がかかってきた。

『兄貴、俺、引っ越すね』

「なに、やっぱりよく眠れない？」

『いやあ。歌ってるやつ見ちゃったら、もうだめだわ』

運悪く、夜中に目を覚ましてしまったのだそうだ。力任せに殴られたようなアザのある顔をした女性が、洋二さんの顔を覗き込んでいた。口元だけはにたにたと笑っていたが、目があうとふっと消えてしまったという。彼女が消えた後も、洋二さんは動けないまま朝を迎えた。

その部屋を引っ越してから、その女性は現れない。睡眠の質も戻った。

女性はまったく顔も知らない人だった。その部屋に住んで、数年たった頃の話だという。

第五十七夜　歌に合わせて

橘百花

千尋さんは母親と息子の三人で暮らしている。当時住んでいた団地での話だ。

息子はまだ小学校低学年で、非常に怖がり。トイレや風呂など、可能な限り誰かについてきてもらわないと嫌がる。


その日。息子は彼女の母親と一緒に風呂に入ることになった。

仲良く湯船に浸かっていると、息子が歌い始めた。すると赤ん坊が激しく泣く声がする。

「赤ちゃんが泣いてるよ」

その声に驚いた息子は歌うのを止める。すると赤ん坊の泣き声も同時に止んだ。

一緒に風呂に入っている彼女の母親も聞いているのだから、気のせいではない。風呂場は急に静かになった。また聞こえてくるのではと二人は黙って耳を澄ませてみたが、泣き声はしない。

再び息子が歌いだす。するとまた赤ん坊の泣き声がした。先程と同じ方向からだ。歌うのを止めると、同時に止む。

それが何度も繰り返された。

息子の歌に合わせるように赤ん坊が泣いている。母親も不思議に感じた。

赤ん坊の泣き声がする方には、小さな子供は住んでいない。過去に泣き声が聞こえたこともない。

その後も息子が風呂場で歌うことはあったが、赤ん坊の泣き声が聞こえたのはその日限りだ。

第五十八夜　お隣さん

内藤　駆

都内のそこそこ高級なマンションで独り暮らしする若林さんの話。

ある日の夕方、仕事から帰って疲れを感じた若林さんは、食事を取るとすぐ横になった。そのせいか、夜の十一時前という中途半端な時刻に目が覚めてしまった。明日は休みだ。そのまま寝てしまってもよかったが、風呂ぐらいは入ろうと立ち上がったところ、玄関の外から騒がしい音が聞こえた。どうやら廊下で大勢の人々が話している様子だった。

しかし、覗き穴から廊下を覗いても誰もいない。ドアを開けてみると、左隣の部屋の前に幼い子を抱いた若い男女が立っていた。恐らく夫婦とその子供だろう。

「あっ、どうも。こんばんは……」

若林さんは慌てて挨拶をした。左隣の部屋は一年以上空いていたから、新しい住人が引っ越してきたのかと思った。

しかし、その男女は挨拶を返すどころかまるで不審者を見るような目つきで、若林さんのことをジロジロと見まわしてきた。さらに男に抱かれた一歳くらいの女児までもが、鋭い目つきで若林さんを睨みつける。

三人はそのまま無言でドアを開けると、さっさと隣部屋へと入ってしまった。

「なんだよ、あいつら。引っ越しの挨拶くらいしろ」

若林さんはそう愚痴ると、結局、風呂にも入らず寝ることにした。

だが、今度は左隣の部屋から子供の泣き声が聞こえてきた。声の主は先ほどの目つきの鋭い女児だろう。泣き声はまるで、隣部屋との壁が無いかのような大きさで響いてくる。

以前の住人も小さな子供が二人おり、泣いたり喚いたりしたがここまで酷くは無い。

あまりのうるささに若林さんは左隣側の壁を叩いたが、治まるどころか泣き声はどんどん大きくなる。しまいに泣き声は若林さんの部屋で響くようになった。もちろんそこに女児などいない。

若林さんは布団を頭から被って一晩中、泣き声に耐えた。


翌朝、若林さんはインターホンの鳴る音で目を覚ました。泣き声は止んでいた。ぼやけた頭で上着を羽織って、ドアを開けると一人の青年が立っていた。

「朝早くすみません。隣に引っ越してきた斎藤です。これからよろしくお願いします」

そう言って、斎藤と名乗る青年は丁寧に頭を下げた。彼は左隣の部屋に今日、引っ越してきたというのだ。

「ああ、そうですか。私は若林と言います。……ところで斎藤さん、引っ越してきたのはあなた一人だけですか？」

若林さんは昨晩の不気味な三人の事を思い出しながら斎藤に尋ねた。

「はい、そうですが……？」

若林さんの唐突な質問に斎藤は眉をひそめた。

「いや、おかしなこと聞いてすみません。こちらこそよろしくお願いします」

若林さんは慌てて斎藤に頭を下げた。

「余計なことは言わないでおこう」

若林さんはせっかく越してきた斎藤のために口をつぐむことにした。

現在、若林さんも斎藤も今のマンションに住んでいる。

斎藤の方は分からないが、あれから若林さんの身にはおかしなことは起きていない。

だが、あの夜にだけ現れた三人の正体は何だったのか今でもわからないという。

第五十九夜　橋の少年

川奈まり子

早朝、うちの近所を散策していると、たまに怪しいものに遭遇する。

うちは心霊スポットで知られる青山霊園の傍で、昔は二十騎組と呼ばれる幕臣が住んでいた辺りだ。町名は南青山。根津美術館という渋い趣味の美術館がある角からも近い。

根津美術館の角から青山霊園の方へ歩いてゆくと、途中から「あおやまばし」という銘板がある橋を渡ることになる。橋の下は谷間で、かつては川が流れていた。

現在、川は暗渠《あんきょ》になり、そこには車道と住宅地がある。「あおやまばし」を地図で探すと、青山陸橋という名称で表示されていることが多い。青山橋と記されている場合もある。

陸橋を渡った先に、乃木坂トンネルと青山霊園がある。トンネルも墓地も、此の世と彼の世の境界とされている。暗渠化された三途の川を渡るが如きロケーションだから、何に遭ってもおかしくない……などと普段は思うわけがなく、ただぼんやりと歩いていると、後ろからガラガラいう音が近づいてきた。

小さなタイヤが歩道を擦る音、と、想像しながら振り向くと、案の定、三メートルほど離れて、キックスケーターに乗った少年の姿が見えた。

白っぽい野球帽をかぶり、カラフルなTシャツとハーフパンツを着た、小太りな子だ。

小四か小五、一〇歳ぐらい、と、今や毛脛《けずね》を生やしている我が息子がそのぐらいの年齢だった頃を咄嗟に想いつつ、見当をつけた。

令和二年のこの春は、厄介な感染症が流行したせいで、小学校は休校している。朝っぱらから小学生がキックスケーターを漕いでいたって別段、何もおかしくない。

そこで再び前を向き、少しペースを落として歩きはじめた。キックスケーターには、追い抜いていってもらった方が安全だと思ったのだ。息子が乗っていたから知っているのだが、あれは存外、自転車と同じぐらいスピードが出るものだから。

ところがなかなか追いついてこない。ガラガラとタイヤの音がするから振り返ると、最初に見たときと同じ距離を保ちながら、少年はせっせとキックスケーターを漕いでいた。

やがて橋を渡り切り、青山霊園の中央の辻に差し掛かった――そういえば辻も彼の世の境である。とはいえ現世では横断歩道も信号もある何の変哲もない十字路だ。

キックスケーターの音を直前まで背後に聞きながら、私は思い切って体ごと振り返った。

少年の姿は消えていた。

キックスケーターも無い。橋はシンと静まり返って、たもとまで真っ直ぐ見通せた。

この少年を、三日連続で毎朝、見た。四日目は雨が降ったので散歩をしなかった。

五日目、再会を期待していたのだが、少年は姿を現さず、それきり、出ない。

第六十夜　いる、いない

高田公太

山本さんには小学五年生の娘がいる。

ある日の晩、仕事を終えて家に戻ると、いつも玄関の横に停められている娘の自転車が見当たらなかった。時間は夜九時を回っている。

「ただいま」と家に入ると、「おかえり」と妻と娘の声があった。

「チャリはどうした」

「友達と歩いて帰ってきた」

娘は徒歩通学の友人とお喋りをしながら帰りたかったのだそうだ。

他愛のない理由に頬が緩んだ。家から学校まで歩くと四十分はあるというのに。

「ん、そうか。自転車無いと明日学校行くの面倒だろう。俺が今から車で行って自転車取ってきてやるよ」

娘が通う学校の門はいつでも開放されていて、校舎内に入らない、不審な動きをしない分には敷地の出入りができる。山本さんは車を路肩に停め、校舎の入り口そばにある駐輪場から娘の自転車をつつがなく見つけた。思いの外敷地内は暗かったが、そもそも娘の自転車しか駐輪場に置かれていなかった。

（ん？）

自転車の鍵を差し込もうとしている間に、校舎の広い玄関から一人の男の子が出てきて、自分の横を通り過ぎていった。忘れ物でもしたか。よくもまあ小さい子がこんなに光のない所を颯爽と……。山本さんは自転車を車の後部座席に乗せ、家に帰った。

「学校から男の子が出てきてな」

と話したが最後、妻は「それ、ちょっと前に自動車事故で亡くなった子じゃない？」と気味が悪いことを言い出した。背格好は、どんな髪型、どんな顔、と詰問され、答えるたびに妻は怖がった。確かに数ヶ月前に事故があった。しかし、そんなわけはない。

（絶対に違うってえの……）

妻の反応が面倒になり、山本さんは二階の自室へ逃げることにした。

自室のドアを開けると、目の前には件の男の子がこちらを向いて立っている。

（ほらな。いるだろ。いるんだって。死んでないんだって。死んでる人が見えるわけが……）

男の子を見詰めながらそんな事を思った。

そして、「あ……」と声が漏れると同時に男の子の姿は消えた。

第六十一夜　関連は不明

あみ

高校生のユウさんという女の子。

熊本の田舎町に住んでいて、普段は学校へ自転車で通学しているという。

この日の朝、教室に着くとそのすぐ後に仲良しの女の子が登校して来た。驚くことに松葉杖を使って歩いていて、片足には包帯が巻かれギブスを着けていた。どうやら転倒して足を骨折したらしく、その足で頑張って登校して来たというのだ。

放課後、仲の良い何人かで「大変だねぇ」なんて話していた流れで、あまり良くはないが、自転車通学の自分が帰りは二人乗りで送ってあげることになった。

一緒に遊ぶことは多々あるのだが、その子の家の方向に行くのは初めてだった。

言われる方向に自転車を漕ぎ進めると、ただでさえ田舎町なのに、更に田舎な景色になっていく。家やお店など建物が点々としはじめ、気がつけば林に囲まれた道を山の方へ。とは言え舗装されたアスファルトの綺麗な車道ではあるのだ。

そんな林道を漕ぎ進めていると、右側にバス停が見えてきた。特に理由はないが道の右側寄りを漕ぎ進めていたのでそのバス停の目の前を通り過ぎる形になったのだが、その辺りで、誰もいないと思っていたすぐ右の林から知らないおばさんが突然怒ったような声で「うぉあああああ!」と叫びながら近づいてきた。

両手を前に出し掴みかかって来る。その顔はかなり怒っているような表情なのだ。

驚き目をやり気づいたのは、そのおばさんには下半身が無かったのだ。上半身だけがこちらへ掴みかかってくる。

あまりに恐ろしく、思わずハンドルを左に切り車道の真ん中に寄ると目の前にバスが迫っていた。クラクションが鳴り、「わあああああ！」慌ててハンドルを切りぶつからずに済んだ。そんな怖い体験を二人でしたのだ。

その道のすぐ先に骨折したその子の家はあった。送り届けたあと、またこの林道を通るのだが、つい先ほどあんな恐ろしいことがあったので車道の右寄りを走った。

行きのときに右側に見えたバス停や林が帰りは左側に見え、その前を通り過ぎた。

そこから数百メートル進み、ここを右に曲がれば自宅の方だという所に来ると、何故だか曲がらずに直進していた。初めて通るその道は、進むにつれて道幅がどんどん狭くなる。木々が鬱蒼とし始める。その中を進んでいると後ろから自転車を誰かに掴まれたような感覚でグッと止まり、驚いた。

振り向くが誰も居ない。

真横には納骨堂があった。それを見ながら、（なんでこっちの道に来たんだろう……）そう思い、来た道を引き返し自宅へ帰った。

まとまりもなければ、起きた出来事に関連があるのかどうかもまったくわからない。ただ、そんな体験をしたそうだ。

第六十二夜　空き家の傘

緒方あきら

デザイナーのKさんはある日の散歩中、通り雨に襲われた。

雨足は強く、ザアザアと激しい音を立てて地面や屋根に雨粒をぶつける。傘の手持ちがなかったKさんは、慌ててとある家の軒先に雨宿りすることにした。

「走って帰るには遠いし、ちょうどすぐそばに空き家があったからね」

Kさんいわくその家は以前は高齢の男性が一人暮らしをしていたが、数年前に亡くなってからは誰も住んでいないのだという。

雨はなかなか止まない。それどころか勢いを増していくばかりである。

Kさんはどうしたものかと空を見上げていたが、ふと空き家の引き戸の横に錆び付いた傘立てを見つけた。そこに、一本の大きな傘が置いてある。

雨空と傘を交互に見やり、Kさんは傘に手を伸ばした。

「勝手に使うのも気が引けたけど、次回の散歩で返せばいいだろうと思ってね」

木でできた立派な持ち手の傘を広げ、Kさんは帰路へついた。

数日後の散歩の際、Kさんは空き家に傘を返しに立ち寄った。

雨宿りしていたときは気にならなかったが、改めて晴天のもと空き家の軒先に立つと、古ぼけた玄関や壁に空いた先の見えない真っ暗な穴がなんとも不気味であった。

早々に傘を返して退散しよう――。

そう思って傘を傘立てに戻し、持ち手から手を放そうとした。だが、手が思い通りに動かない。まるで傘の持ち手に指がくっついてしまったかのようであったという。

――なんだ？

訝しく思い傘に目を向けると、いつの間にか傘の持ち手は皺の浮いた大きな手のひらになっていた。その手が、ガッシリとKさんの手を握っている。

後ずさるKさんを強い力で持ち上げるようにして、傘から伸びた腕がKさんを壁に空いた真っ暗な穴へと引っ張りこんでいく。

物凄い力で穴に引きずり込まれたKさんが一瞬、意識を失った。


雀の鳴き声に目を開けると、Kさんは空き家の軒先に突っ立っていたという。

傘立てには傘が何事もなかったかのように置かれていた。どんなに探しても、空き家の壁には先ほどまであった真っ暗な穴は見当たらない。

ただ、Kさんの手のひらには強く握りしめられた指の跡が残っていた。

それから三日三晩、Kさんは原因不明の高熱を出し寝込んでしまった。Kさんいわく「生死の境をさまよう」ほどだったそうだ。

その一件があってからKさんは散歩のコースを変更し、あの空き家には決して近寄らないようにしているのだという。

第六十三夜　拾った傘

我妻俊樹

フリーターの佑司さんは以前、外で急な雨に降られたときたまたま近くの歩道に落ちていたビニ傘を拾って凌《しの》いだそうだ。

同じように急な雨に遭った誰かがコンビニなどで買い、その後雨が止んだので路上に捨てていったのだろう。傘は長い間放置されていたらしく汚れがひどかった。

その汚れを雨が次第に洗い流していった。汚れ以外は破損などはなく、骨は曲がっていないし雨漏れも大丈夫なようだ。ひとまずこれで濡れずに済むとほっとして、佑司さんはいくつかの用事を済ませると帰途についた。

自宅アパートに着くと佑司さんは、雫の垂れる傘を玄関脇のガスメーターのところに引っかけるように置いた。そこは使用後の傘の定位置で、あとで晴れた日に開いて干してから、あらためて畳んで玄関内に収納する。

だが佑司さんはもともとビニ傘を使う習慣がないので、たぶんこのまま不燃ゴミに出すことになるだろう。そう思いつつ部屋の中に入り、キッチンでお湯を沸かしてコーヒーを淹れる準備をしていると玄関のチャイムが鳴った。

キッチンからはふりかえるとすぐに玄関のドアが見える。そこで佑司さんはドアを閉め忘れていたことに気づいた。かなり強く引かないと自然には閉まらず、途中で止まってしまうドアなのだ。その隙間から覗いている人の顔があった。女の顔だったので、セールスではなく宗教関係かなと思った。

「あ、ちょっとすみません今忙しいんで」

相手が何か言う前にそう機先《きせん》を制してドアを閉めようとした。

だが一歩踏み出したところでそれ以上近づけなくなり佑司さんは固まってしまった。

女の顔、たぶん三十代くらいの薄く化粧したショートヘアの顔が、無表情にじっとこちらを見ている。体をドアの後ろに置いたまま首だけ出しているのだと最初は思った。でもそれにしては角度がおかしい。顔は傾いていないのに、その下にあるべき首や肩がまるで見えないのだ。

頭だけ宙に浮かんでるんだ。

そう思うと祐司さんはふっと意識が遠くなり、気がついたときには玄関のドアが閉まっていて、彼は空焚きになったやかんが嫌な臭いをたてるキッチンに仁王立ちしていた。

あわててガスを止めて換気してから恐る恐るドアを開けると、玄関の外には誰もいない。だがガスメーターのところに引っかけてあったビニ傘は、なぜか道で拾ったときと同じくらい汚れのひどい状態にもどっていた。

しかも雨の雫《しずく》が一滴もついておらず、柄まで土まみれの傘はぱりぱりに乾いていたそうだ。

第六十四夜　連絡

久田樹生

鹿児島県に住む野口さんには、血の繋がらない兄がいた。

父の再婚相手、義母の連れ子であった。彼より二歳上で、優しい人だったという。


二〇一八年、野口さんが二十八歳の頃だ。

彼がベッドに入ったとき、スマートフォンの通信アプリに連絡が入った。

東京で働く兄からだ。開いてみると一枚の画像と短い文章がひとつある。

何の変哲もないマンションの一室――多分、リビング――の風景だ。

その下には〈バアちゃんが出た〉とある。出たとは、化けて出たと言うことだろうか。

確かに祖母と呼べる人は全員この世を去っている。自分の父母方、兄の父母方、全て。

だから、ないと言い切れない。が、画像にはそれらしき存在の姿はなかった。

首を傾げながら、兄へ電話を掛ける。ワンコールで出た。切羽詰まった声だ。


『部屋にバアちゃんが出た。同棲相手もまだ帰っていないから、今、外へ出てる』

「バアちゃんって、どっちんゲ（どちらの家）のバアちゃん？」

『……本当の父親方の、バアちゃん』

隣の部屋へ通じるドアが開き、リビングへ這入り込んできた、らしい。

「なんで出っと？　出る理由ち、あるとけ？　ねーやろ？」

兄は一瞬口ごもり、分からない、と答えた。

以来、兄は本当の父方の祖母の姿を繰り返し見るようになったようだ。そして、その度に連絡が来るようになった。

（兄ちゃんは、ノイローゼか何かになったっか……？）

彼が心を痛めたことは言うまでもない。


五ヶ月ほど過ぎた冬の夜、『また出た』と兄から電話があった。午前二時前だった。

会話の途中、嗄れた声が後ろで聞こえる。テレビか何かかと訊けば、違うと言われた。

声は〈よーも騙したが〉と繰り返しているが、そんなものは聞こえないと兄は唸った。

電話を終える。目が冴えて眠れない。外が明るくなる頃、再び電話が鳴った。

兄の自死を告げる、実家からの報せだった。

首を括る兄を同居人が発見したのが午前一時を僅かに回った頃だと、後に分かった。

だとすれば、野口さんと電話での会話は不可能だ。時刻に矛盾が生じる。

電話の件も、兄の元にどうして祖母が出たのかも、真相は未だ藪の中である。

第六十五夜　縊死者

籠　三蔵

U君は月に数度、実家から数キロ離れた祖母の家に、母親と交代で顔を出し、遊びがてらの様子見をしに行く。

その日も、元気そうな祖母の顔を見て安堵しながら、他愛ない世間話をして夕食を御馳走になり「それじゃまた来るから」と声を掛けて玄関を出た。

周囲はすっかり暗くなっている。

U君は祖母の家の前に停めていた車の施錠を解こうとして、ふと傍らの路上からこちらを見ている一人の男の姿に気が付いた。

「何か御用ですか？」

うっかり声を掛けてから、しまったと思う。

男の様子が尋常ではないことに気が付いたからだ。

生気の無い濁った視線。

ごくありふれた作業着を身に付けた中年の男なのだが、上背が百八十センチあるU君よりさらに高い。

シルエットのバランスが狂っていた。

首から上だけがぎゅうっと長く、その引き伸ばされた部分のせいで、かなり長身である彼の上背をも凌駕《りょうが》しているのだ。そして、下顎から喉元の部分だけが黒い〈闇〉となっていた。

U君は総毛立ち、慌てて車に乗り込むと、エンジンをスタートさせて一目散にその場を走り去った。


(うわあ、怖かった……!)

独りごちながら自宅近くの駐車場に車を停めたU君は、そこで再び固唾を呑んだ。

さっきの首の長い男が、少し先の暗い路上に佇んでいるのだ。

車より先回りするなど生きている人間にできる芸当ではない。

ただ、幸いにもその視線は側の家に向けられていて、こちらには背を向けた状態であった。

彼は息を潜めて反対側の出口からそっと駐車場を出て、実家へと戻ったそうである。


実を言うと、彼の住んでいる地区には、市が管理している大きな公園がある。

普段は、樹木と緑に囲まれた〈市民の憩いの場〉として賑わいを見せているが、その一方で年に数人の縊死《いし》者が発見される〈首吊りの名所〉でもあるそうだ。

首長男の正体は、その〈年に数人〉の一人でないかと、U君は締め括ってくれた。

第六十六夜　二〇二〇年四月

深澤　夜

新型コロナウィルスの蔓延を避けるため、緊急事態宣言が出された。

秦さんの職場は全面的にリモート勤務となり、彼も平日を自宅で過ごすようになった。

都下に新居を購入したばかりだ。会社から遠いのが難だったのだが。

「中古ですけどね。通勤ないし、家は広いし、オレ大勝利ですよ。都内のマンションとかに住む時代は終わったんです」

晴れ晴れとした気分で、彼は快適に自粛生活を送る方法を考え始めた。

「やっぱストレスが一番の敵ですからね。アロマとか、お香とかどうかなって思って」


通販で買い集めたお香を焚くと、色々な匂いがして楽しめる。

それはいいのだがどうにも排煙のよくない部屋だと彼は気付いた。

換気ダクトに何かが詰まっているらしい。

ふと部屋を見て、彼は気付いた。

煙が部屋の一角に濃く固まって、そこに何かを形作っている。

それは人間の形だった。

人影などというものではない。

丁度そこに、項垂れつつもしっかりと二本の脚で立つ、成人男性の姿がくっきりと現れていた。

「あんまり気持ち悪いんで外に逃げたいんですけど、それって不要不急って奴ですかね」

逃げたいが、流行り病も怖い。

奥さんの目を憚りつつも、一階の居室に仕事場を移した。

お香を焚くと、二階の自室と同様、酷く排煙が悪い。

今度は大丈夫――と彼は部屋を見渡した。

部屋の隅に、煙が二人分の人影になってくっきりと浮かび上がった。

「どこの家かは絶対秘密ですよ。売値が下がったら困るんで」

第六十七夜　ご自由にお持ちください

神沼三平太

雛戸さんの家の近所に新たに開館した図書館では、書籍の寄贈を受け入れていた。

そして、寄贈を受けた本に重複が生じた場合には、希望者が持ち帰っても良いように、段ボール箱に詰めてカウンターに並べていた。

特にベストセラー本は旬が短い上に重複の生じる可能性が高く、かといって市民から寄贈を受けた本を、無下にするわけにもいかないという事情もあったようだ。

まだ収蔵前の、印も捺されておらず、ラベルも貼られていない本が手に入るということで、雛戸さんは図書館に行くたびに、段ボールの中身をチェックしていた。めぼしい本があれば、それを持ち帰る。読み終わった本が溜まったら古本屋に売ってしまえばいい。

その日も帰り際に段ボールから二冊持ち帰った。

翌朝、彼女の部屋のドアが音を立てて開いた。雛戸さんが驚いて跳ね起きると、同居している兄が仁王立ちでこちらを睨んでいる。明らかに怒っているのだが、まだ明け方である。

昨晩、自分が何かしでかしただろうかと不安に思っていると、兄は手にした文庫本を投げつけてきた。

「おまえこんなもんどっから持ってきたんだよ！」

いきなりなことに、雛戸さんも頭に血が上り、ベッドから立ち上がった。

「図書館の段ボールの中からよ。もう何なの？　何があったかくらい説明しなよ。いきなり本を投げつけられたんじゃ、こっちだって意味がわかんないわよ！」

荒げられた声に、兄は激昂した。

「今すぐそれ捨ててこい！　こんなもんが家にあったら死ぬわ！」

状況が全く把握できない。兄をなだめて理由を聞き出した。

兄は、昨晩眠れなかったので、お前の部屋の机の上に置いてあった本をちょっと借りたんだと、悪びれもせずに言った。

彼は自室のベッドに入って本を読むうちに寝落ちしたが、直後から明け方まで、ずっと金縛りに遭っていたという。金縛りの間ずっと、見知らぬ老婆が満面の笑顔で兄の顔の肉を引っ張っては、ぐにぐにと揉み続けたらしい。兄が恐怖で何度気絶しても、老婆は顔揉みをやめなかった。

おかげで顔は今でも痺れっぱなしだという。

お前どこからあの本持ってきたと吠える兄に向かって、雛戸さんは冷たい声で答えた。

「あのさ、妹の部屋に勝手に入って本持って行くってどうなの？　それ自業自得だよね」

最低野郎だなと罵られた兄は、顔を真っ赤にして部屋から出て行った。

第六十八夜　新聞

渡部正和

大学生の宮田さんは、都内の木造ぼろアパートで一人暮らしをしているが、半年程前からアパートの郵便受けに奇妙なモノが入るようになった。

「それが、新聞なんですよ。自分、どことも契約してないんですが」

最初は勿論、新手の営業ではないかと疑った。このまま断りも無く新聞を入れ続けて、頃合いを見計らって無理矢理料金を請求する、類いの何か。

しかし、いつまで経っても新聞の集金人が彼の部屋を訪れることはなかった。

「そもそもですけどね。一体、どこの会社が集金に来るんですかね、この場合は」

彼のこの言葉に、初めは意味が分からなかった。しかし詳しく話を聞くうちに、確かに奇妙な状況に違いないと思うようになった。

何故なら彼の元へ毎日早朝に届けられる新聞は、日ごと異なる新聞社だったのである。しかも全国紙などではなく、日本の津々浦々、今まで存在すら知らなかった地方のローカル新聞であった。

これだけなら、誰かの悪戯である可能性も捨てきれない。しかし、これら配達される新聞は古新聞では決して無く、当日の朝刊なのである。

ここまで来ると、一体誰が、何の目的で、貧乏学生の宮田さんを対象としているのであろうか。不思議で仕方がない。

「それで、友人から借りてきた超小型カメラを設置して録ってみたんですよ」

その内容は驚くべきものであった。通路の上部に設置された隠しカメラは、彼の部屋の前にある郵便受けを延々と撮り続けている。そして、深夜二時を少し過ぎた辺りに、画面が一瞬前後左右に揺れたかと思うと、郵便受けに無造作に差し込まれた人間の手らしきモノが録画されていた。

それは妙に生っ白く、丸々と肥えた、体毛の一切ない手であった。手と云っても手首から掌までしか写っておらず、その先はまるで煙のように曖昧模糊として定かではない。

その手は顫動《ぜんどう》した後、一瞬で消えて無くなってしまった。そしてその代わりに、真新しい新聞が郵便受けに差し込まれていたのである。

彼は自分の目を疑いつつも、それでもなお執拗に録画し続けた。しかし、いくら録画しても結果に変わりはない。毎夜、不気味な手が突如現れ、そして消えたかと思うと、～日報などといった見たことも聞いたこともない地方新聞が届けられるのだ。

宮田さんに訪れた奇妙な現象はそれだけである。それ以外に不思議なことは何も起こっていないが、驚くべき事にこの現象は未だに続いている。

新聞を無料で読めるのであるから、などと自分自身をどうにかして納得させようとしたものの、やはり怖くて怖くて仕方が無いとのことである。

第六十九夜　ヒトガタ

雨宮淳司

怪談の類が嫌いだというA君から、ようやく聞き出せた話。

A君はしかし、中学生の頃はオカルト全般が好きで、心霊関係とか廃墟についての書籍もよく買っていたそうだ。ある時、そういった趣味が合う友人から、近所の廃屋の敷地でよく「人魂」が目撃されているという話を聞き込んだ。しかし、その友人が言うには、

「何だか、とにかく目にも留まらない速さで飛んできたと思ったら、どこかに消えている」

と、いった感じで、はっきりと見られた例というのは無いのだそうだ。

お前は見たのか、と訊くと、

「見たけど、俺の見たのは、薄っぺらい感じの奴で」

夕方に白っぽいものが、ツバメの飛行のような宙返りをして、すぐに姿を建物の陰に消したのだという。朧気だが、翼のあるようにも見えたとも言った。

その話に、A君は俄然興味を覚えた。

丁度その頃、世間では「陰陽師《おんみょうじ》」が流行っていたのだが、その使う術の道具に「形代《かたしろ》」という、紙人形がある。よく「ヒトガタ」とも呼ばれるものだ。

好きなアニメ映画の重要なシーンにも登場していて、誰かが現実に陰陽道の術でも使っているのではないかと想像したら、ワクワクが抑えきれなくなった。

夜中に家を抜け出し、自転車でその廃屋へ向かった。

そこは高台の一軒家で、隣家とは離れているのでひっそりとしている。廃屋という話だったが、そこまでの損傷は無く、「売物件」の看板が掲示されていた。

ちゃんと管理されているらしく、中には入れない。

仕方なく懐中電灯で、荒れた庭の様子を見ていると、いきなり光の筒の中を何かが高速で横切った。

「出た！」

全くの勘だったが、あらぬ方向へ手を伸ばして探ると、それが掌にぶつかって、咄嗟に掴み取った。

……それは思っていたものとはまるで違っていた。剥いたイカの切り身みたいな感触で、生臭く、そしてギギギと甲虫の様な唸り声を発した。

噛まれると思い、慌てて放り出した。それは地面をのたくるようにして草むらに消えた。

「……以来、何だか怪談とか胡散臭いと思ってるんですよ。あれって、我々が思っているのと全然違うもんなんじゃないですかねえ？」

第七十夜　上下の男たち

戸神重明

大きな病院はどこもそうだが、某大学病院は極めて複雑な造りをしている。関係者でも慣れない者は迷ってしまう。あるとき、看護実習生のN子さんも迷って奇妙な場所へ行ってしまった。そこは地下の広いホールである。勤務初日に行われた全体集会のときに行ったきりで、普段は関係者もほとんど入らない場所らしい。この日も誰もいなかった。

彼女がふと、人の気配を感じて振り返ると――。

五メートルほど離れた空中に、腰から下がない男が浮かんでいた。

驚いて逃げ出せば、男は目を吊り上げ、飛んで追いかけてくる。

だが、ホールから脱出すると、いなくなっていた。

その後もN子さんは、頻繁に病院内で迷うことがある。何とかしなければと思うのだが、いつしか記憶が飛んで、気がつくといつも同じように地下のホールに来てしまう。その度に必ず同じ男と遭遇して追いかけられる。短髪で四十がらみの、細長く尖った顔に鋭い目をした男で、黒いTシャツを着ているという。

上司や先輩たちにこの病院の過去について訊いてみると、病院だけに患者が死亡したことは何度もあるが、事故や事件が起きて下半身を切断された男がいた、ということはないそうだ。男の正体は不明のまま、同じ現象は現在も続いている。

これは別の、群馬県内にある大きな病院での話である。

夜勤をしていた看護師のA子さんが深夜、病棟の廊下を歩いて入院患者の見回りをしていたところ、視界の上端に動くものが飛び込んできた。

見上げれば、天井から二本の足が突き出している。腿から下の、衣類や履き物を着けていない素足であった。それがゆっくりと空中を歩くように前進してゆく。

A子さんは驚きのあまり、悲鳴も出なかった。

二本の足は長くて筋肉質で、大人の男のものに見えた。しばらく移動を続けて廊下の角を曲がり、A子さんがいる位置からは見えなくなった。彼女が勇気を出して恐る恐るそちらへ様子を見に行ってみると、既に足は消えていた。

この病院では他の看護師もその足を度々目撃したことから、お祓いが行われたという。

第七十一夜　当直

牛抱せん夏

東京都内の病院で医事課職員をしている井田さんの話だ。

この病院では、夜勤帯で電話対応や院内の戸締り確認、病棟で患者が急変した際に家族へ連絡を行う事務当直というものがあった。

当直は新人職員が入る場合、先輩が一緒に泊まり指導と業務を行う。夜、二十三時に院内の最終ラウンドを後輩とふたりでまわり、仮眠をとることにした。ふだんはひとりで泊まるため仮眠室にはベッドがひとつしかない。後輩に譲り、井田さんは外来診察室で眠ることにした。

診察室のドアに鍵をかけ、ベッドに横になった。疲れもあり、すぐにとろとろとしだした。

診察室のドアがあき、見たことのない老人が入ってきた。

井田さんは奇妙なことに気がついた。ベッドの上に寝ている自分にむかって——すり足で老人が近づいていく。それを少し離れたところから見ているのだ。

老人は井田さんの顔をじっとのぞきこんだ。なにかされるのではないかと不安だが、一歩も足が前へ出ない。老人は寝ている井田さんのお腹の上に手を載せると嗤《わら》いながら擦《さす》りだした。

身の危険を感じ、力の限り叫んだ途端、ベッドの上で目を覚ました。老人の姿はなかった。

夢を見たのだろうと起き上がると、鍵をかけたはずのドアが開いていた。

数日後、腹部の痛みで検査をすると、大きな子宮筋腫が見つかった、ということだ。

第七十二夜　野良着の男

丸山政也

今から三年ほど前、警備員のEさんは音楽ホールの警備を任されることになったという。

勤務は交代制だが、Eさんは夜間を受け持つことになった。

それほど大きな施設ではないので、ひとりですべてを見廻る必要がある。入り口の戸締まりを確認し、舞台と楽屋、事務所、ロビーを巡回し、ホールの重い扉を開ける。

懐中電灯をかざし、客席のほうに光を当てる。端から見ていくが、特に変わったことはない。

「さて、戻るか――」

そうひとりごちた瞬間、ホールのなかほどの席に、帽子をかぶった六十代ほどの男がひとり座っているのが眼に映った。

愕《おどろ》いたEさんは、そのほうに光を当てたまま、声を掛けようとした。するとどうしたことか、忽然《こつぜん》と姿が消えている。どこへいったんだ、と急いで光の向きを変えると、ホールの一番後ろの席に男が座っているのが見えた。こんな瞬時に移動できるわけがない。いったいどうなっているんだと思うそばから、まるでもぐら叩きのようにホールの席のあちらこちらに現れては消えてしまう。

あまりのことに言葉を失っていると、突然、背後でしわぶきの声が聞こえた。慌てて振り返ると、舞台の上――暗赤色の緞帳《どんちょう》の前にさきほどの男が立っている。鼠色の上下に長靴を履いているので、野良着のようだった。

「こんなはずじゃ」

そういって両腕を広げた。と、そのとたん、男の姿はかき消えてしまった。

実際に体験した出来事とはいえ、そんなことを報告書に記したものなら、頭がどうかしていると思われかねない。日報には「特に異常なし」と書かざるをえなかった。

昼間勤務の者と交代するとき、さりげなく昨夜のことを話してみると、

「えっ、今まで知らなかったんですか。前からそんなものを見てしまうひとがいて、ここの夜勤は定着しないそうですよ。すっかり知ったうえで引き受けたのかと思ってました」

笑いながらそういわれたという。

しかし、男を見たのはそのときだけで、以降は一度も見ていないそうである。

第七十三夜　直通エスカレータ

神沼三平太

若山さんは、派遣先が入っているビルの長いエスカレータが苦手だった。エントランスのある一階から三階までの吹き抜けを横切り、直通で三階までを繋いでいるのだが、乗っているうちに逃げ出したくなるのだ。

高所恐怖症という訳でもない。同じような設計のビルにあるエスカレータでは、何も感じない。その派遣先のエスカレータだけが特別なのだ。

結局、それを使うのが嫌だったので、周囲には健康のためと称して、いつも階段を使っていた。

ある冬の夜。退勤する時のことだという。

普段通りに階段を下って、エントランスに出た。外は真っ暗。吹き抜けの明かりも薄暗く、普段より寒々しく感じた。トートバックからマフラーを出して首に巻き、エントランスから外に出ると、ぽつりぽつりと冷たい雨粒が降り始めた。若山さんは、折り畳み傘も入れてきているはずと、バッグの中に手を滑り込ませた。だが傘は入っていなかった。

ああそうか、この前、ロッカーに移したんだった。

彼女は傘を取りに、三階のオフィスまで戻ろうとした。

その時、エスカレータに目が行った。階段よりもエスカレータを歩いた方が早い。

お尻がムズムズして、逃げ出したくなるけど、別に気にしなければ良いだけの話。

そう思ってエスカレータのステップを歩き始めた。

足元に注意しながら上って行くと、がっがっがっとという音と振動が伝わってきた。

え、何。

立ち止まって視線を上げると、十段ほど先に、女がこちらに背を向けて座っている。

女は正座して、勢いよく前のステップに頭をぶつけ続けていた。

面食らった若山さんは、エスカレータを下ろうと背後を振り返ったが、もう半分以上のところまできている。動けないまま、前の女の様子を見ていることしかできない。

女の座るステップが、三階に到着する間際、女はエントランスじゅうに響く叫び声を上げて姿を消した。

降りる時に、ステップが消えて行く隙間から、長い髪の毛が何本も生えてるのが見えた。

それ以来若山さんは、オフィス以外でもエスカレータに乗らないようにしている。

第七十四夜　九十分

戸神重明

鉄道員の男性Aさんが、同僚の運転士が体験したという話を語ってくれた。

近年、某鉄道会社では観光用にSL蒸気機関車を一定の区間で走らせている。何年か前のこと、N県×市を出発したSL蒸気機関車が、F県△市へ向かっていた。

N県内の山沿いを走行中、不意に山のほうから、
ドオン！　ドオン！　ドオン！　ドオン！

と、大きな音が響いてきた。

（土砂崩れか？）

運転士は前方の山林を注視したが、これといった異変は見当たらない。だが、爆発が起きたような物凄まじい音が繰り返し響いてくる。危険を感じた運転士は、通過する予定だった最寄り駅に蒸気機関車を緊急停止させた。その間も爆音が繰り返し聞こえてきて、

「あの音、何ですか？」

乗客も不安そうに眉を曇らせていたという。

蒸気機関車は車体が古いため、いつ故障が起きても対処できるように整備士などの職員が各駅に控えている。保線用のパトロールカーに乗った職員が線路周辺の山林を巡視し、念のために電車内の点検も行われたが、どこにも異状は発見されなかった。

やがて原因不明のうちに爆音はやんだので、運転士は蒸気機関車を発進させた。

けれども、F県に入ると、またもや山のほうから、
ドオン！　ドオン！　ドオン！　ドオン！

という音が聞こえてきたので、運転士は再び通過する予定だった駅で蒸気機関車を停めなければならなかった。

爆音は車内のどこにいても聞こえてくる。しかし、車内を幾ら調べても音が出ている箇所はなく、ずっと山のほうから聞こえてきたそうだ。災害の可能性もあるとして、その地域の消防団も出動し、周辺の山を調べてくれたが、異状は発見されなかった。

二度停車した影響により、F県△市への到着は予定時間から九十分も遅れたという。

第七十五夜　脇見運転

真白　圭

ある夜、豊田さんが埼玉市内で車を運転していたときのこと。
道路の左手側に見えた、一軒の明かりのない住宅が無性に気になった。
別段、外観に特徴がある訳でもないが、何かが心に引っ掛かるのだ。
門前を通り過ぎる瞬間、車窓から玄関口を見詰めて——
（あぁ、此処は一家惨殺があった家だな）と思い出した。
が、事故物件に興味は無く、事程左様にあの家が気に掛かる動機もない。
それはわかっているのだが、どうしても視線がルームミラーに向いてしまう。
遠ざかるあの家が気になって、ついつい目で追いかけてしまうのだ。
と、そのときルームミラーの端に、後ろ向きの坊主頭が映っていることに気づいた。
五分刈りほどの短髪で、少し歪《いびつ》な形状をした人の後頭部である。
（えっ……何だよ、これ？）と、思わず息を飲んだ。
すると鏡の中の人物が向き直って、ルームミラー越しに豊田さんと目を合わせた。
——自分だった。
奇妙なことに、〈鏡の中の自分だけ〉が背後を振り返っていたのである。
（えっ、ええっ？？？……こんなの、あり得ないだろ？）

困惑してルームミラーを見返しても、怯えた表情の自分と目が合うばかり。
そこに答えを見出すことはできなかった。

第七十六夜　頑張り布団

小田イ輔

A君はその日、秋晴れの下、一人で車に乗り高速道路を走っていた。

道路状況もスムーズなドライブ日和のなか、心軽やかにアクセルを踏んでいた昼過ぎ、ふと、妙なことに気付いた。

角度的に難しく全貌は捉えられないが、どうも小さな布団から手足が生えているようなものが、スタントマンよろしく前を行く車の屋根にへばりついている。

見える限り、伸びた四肢《しし》はリアルで、踏ん張っているような力感があり、人形などの類には思えない、対して胴体は布団様のそれで、風の圧力を受けているせいか頻繁に浮き上がっては、抗うように屋根に引っ付く動作を繰り返している。

なんだろう、よくはわからない、ただ、何かおかしなものであることは確かだった。

A君は以前、似たような怪談話を聞いた覚えがあった、その話によれば、夜道で盛んにパッシングされ、頭に来て車を路肩に停めたところ、後ろの車から降りて来た人間が「屋根に老婆がへばりついていた」と言ってきたとかなんとか。

状況は逆だが、いま自分は同じような体験をしているのではないか？

であれば、やはりパッシングしてみた方がいいのだろうか？　しかし意味のないパッシングは煽り運転と判断されかねない、アレが怪しいモノであるのなら、何かの拍子に掻き消えてしまうかも知れず、そうなった場合、理由に困る、老婆ならまだしも「布団から手足が生えているようなモノ」では格好がつかないし、たぶんダメだろう。二、三回なら大丈夫だろうか？　だけどそれで気付いてもらえるだろうか？

あまりの出来事に思考がおかしくなり、どうでもいいようなことで逡巡していたA君の前で、頑張っていた布団はとうとう吹き飛ばされた。

直後、ミラーを見やり後方に目を向けたが、どうなったか確認はできなかったそうだ。

「話してると間抜けですけどね、実際に見たらビビりますよ、すぐに追い越して逃げましたもん、でも、その後からなんですよね……」

以来、A君は運転中たびたび妙なタイミングでパッシングされるようになったという。

第七十七夜　紫にまぎれる

幽木武彦

福澤さんというお客さんから聞いた。

八年前のことだそうだ。彼女は、当時三十四歳。若い頃からアクティブで、仲のいい夫と二人、アウトドアな生活を楽しんだ。

そんな夫が、事故で早世した。

福澤さんは憔悴したが、立ち直らせてくれたのは、かつてのツーリング仲間だった。ツーリングは、夫と出逢ったきっかけでもある、かけがえのない趣味だった。

よく晴れた、秋のある日。

気心の知れた二人の女性と、N県をめざして首都圏から日帰りのバイク旅に出た。紅葉狩りをしながら秘湯で温泉に浸かり、旨いものでも食べてこようということだった。

楽しい一日だった。あれこれと長居をしてしまい、帰途についたのはかなり遅くなった。

日暮れになると、N県は驚くほど寒い。使い捨てのカイロがほしいねと、福澤さんたちは通りすがりのコンビニに寄った。

「すみません。売りきれなんです」

オーナーであろうか。応対した年配の男性店員が、もうしわけなさそうに謝った。福澤さんたち三人は「この寒さですもんね」とみんなで苦笑いをし、外に出た。

山の夕暮れは早い。逢魔時《おうまがとき》を迎えた一帯は、紫色になっていた。

福澤さんたちはコーヒーで暖をとりながら、他愛もない冗談にふけった。

すると、先ほどの男性店員が店から駆けだしてくる。「私物なんですけど、よかったら」と言って、未使用の使い捨てカイロを差しだした。

感激した。こうした思わぬ交流ができるのも、バイク旅の魅力である。

「あれ。男のかたは？」

すると、きょとんとした顔をして店員が言った。

見れば、持っているカイロは、四枚。福澤さんたちは「男の連れなんていない」と店員に笑った。いればいいけどと、つい笑い声は大きくなる。

男は取りつくろった。気づいたように、ある一角――薄闇の中へと目を向ける。だが、なんでもないような笑顔になって、小走りに店へと戻っていった。

気になった。福澤さんは、男が目を向けたほうをふり向いた。

夫がいた。

紫色の闇の中に、ヘルメットを持って佇んでいる。

笑っていた。なつかしい笑顔だった。

福澤さんは驚き、泣きそうになりながら駆けだした。

夫は、紫にまぎれた。

遠ざかるバイクの音を聞いたのは、福澤さんだけだったそうである。

第七十八夜　善光寺参り

籠　三蔵

数年前の話である。A君は、長野県長野市にある有名な古刹・善光寺を訪れた。

特に何かの目的があったと言う訳ではない。

その日は暇を持て余していたので「善光寺参りに行く」と言い出した母親と、そのお供を申し出たお兄さんにくっついて行っただけに過ぎなかった。

平日の拝観だったので、思っていた程の人出は無い。

境内に位置する一般拝観者用の駐車場に車を乗り入れ、寺務所の受付にて拝観料を支払うと、A君ら三人は国宝に指定されているという善光寺の本堂へと足を踏み入れた。

堂内には、寺院の歴史に肖《あやか》った仏像や陳列品が多数収められているのだが、順路の一番目である賓頭盧尊者《びんずるそんじゃ》の像の前には、既に初老の男性が正座をしながら目を閉じて熱心に合掌をしている。

A君らは彼の参拝が終わるのを待っていたが、男はなかなか賓頭盧様の前からどこうとしない。仕方が無いので後ろから仏像に合掌をすると、案内に沿って次の順路である内陣へと向かった。だが、そこで彼らは目を剥いた。

さっきの男性が内陣の祭壇に向かって、合掌している。

三人は顔を見合わせたが、やはり男性はそのまま動く気配が無い。

仕方無く、また彼の背後で合掌をすると、順路に沿って次に進む。

お戒壇巡りを済ませ、御本尊のある瑠璃壇まで進むと、またあの男性が彼らをを遮るかの様に、正座して手を合わせている。

何だか薄気味悪くなって堂内から出る事にした。すると順路の最後である地蔵菩薩像の前で、あの男性が目を閉じながら合掌を行っているのが見えた。

「随分熱心な方がいらしたわねぇ」

本堂の外に出るや否や、母親が怪訝な表情で呟いた。

「あの妙なオヤジでしょ？　俺らの先回りするみたいに嫌味に拝んでて。それに、後ろに立ってた鬼みたいな形相のおばさん、何なの？」

兄の言葉にA君も「そうそう」と続くと、母親は露骨に眉を潜めた。

「誰？　そのおばさんって？　あのおじさん、ずっと一人きりだったわよ。怖い事言わないでよ」

A君とお兄さんは、顔を見合わせるしか無かったそうである。

第七十九夜　むかさり

黒木あるじ

山形県村山地方――県庁所在地の山形市を中心とした地域には「ムカサリ絵馬」という風習が現在も残っている。「ムカサリ」は「迎え去り」の意、地元の方言で婚礼を指す。婚礼前に若くして亡くなった者を供養する風習なのだが、その方法がやや変わっている。遺族は〈架空の相手〉との婚礼を描き、寺社に奉納するのである。

これは「冥婚《めいこん》」と呼ばれる民間習俗で、山形県以外にも青森県の一部や韓国、台湾などアジア各地域に伝わっている――などといえば、まるで失われた古い慣《なら》わしのようだが「ムカサリ絵馬」を管理する寺には、現在も絵を納めに訪れる遺族があとをたたないのだという。あの世でも、愛する人が幸せであってほしい――遺された者の思いは、いつの時代も変わらないということか。

昨年、私はこの「ムカサリ絵馬」を取材に訪れている。とあるテレビ局より「撮影時にガイド役を請け負ってほしい」と依頼されたのである。

収録自体はとどこおりなく終わり、寺の近くにある食堂とも茶屋ともつかない店で休憩することになった。店主は傘寿《さんじゅ》を迎える女性で、先代である御夫君が亡くなったあとも、「なんとなく畳む気がしなくて（本人談）」店を続けているのだという。

古びたテーブルを前に、スタッフを交え彼女と談笑する。

と、そのうちディレクターの携帯電話が鳴り、彼はおもてへ飛びだしていった。その直後、カメラマンが便所へ立つ。店のなかには、彼女と私だけになった。

「あのね、たまにだけど」

あたりを確かめてから、老女が静かに言った。

「夜中に……お寺のほうから、この店の前の道を歩くのよ」

花嫁さんが。

直後にディレクターが戻ってきたため、話はそこで終わってしまった。

さて、深夜の道をさまよう〈架空の花嫁〉。これは、幽霊になるのだろうか。

第八十夜　白い蛇

川奈まり子

美佐代さんは子供の頃、山で蛇を捕まえようとして噛まれ、傷が膿んでしまったことがある。無鉄砲な遊びを好む元気な子で、このときも自分の腕ほどの長さの白い蛇が小径を渡ろうとしかかるのを目ざとく見つけて飛びついたのだが、首根っこを掴みそこねて親指の付け根に牙を立てられた。

蛇はすぐに離れて逃げ、傷口は針で突いたような穴が並んでいるだけで、たいして痛くもなかった。しかし次第に腫れあがって熱を持ち、しまいには病院で切開して膿を出してもらうような大事になったので、以来、蛇が大の苦手である。

蛇を避けて生きてきたが、三年前の夏、北海道の奥尻島に旅行した折に、この島には蛇がたいへん多いのだと聞かされた。早朝、散歩に行こうとすると、旅館の女将さんが、蛇がいるから草むらには入らない方がいいと忠告してくれたのである。

おまけにその後、訪ねた民俗資料館のような所で、片隅に置かれていた無料冊子を何気なく手に取ったら、この島にまつわる蛇と鼠の伝承が書かれていた。

なんでも、この島には昔からたくさん鼠が棲んでいて、鼠たちが餌を漁る音は鳥の群が一斉に飛びたつ羽音のようで凄まじく、猫すら襲い、時には共喰いもした。唯一の天敵は蛇だが、数の上で劣勢なときは、蛇も鼠に喰われた。だが、蛇が盛んに繁殖した時期には、鼠が喰われて数を減らした。

こうした事情を参照して河合裸石《かわいらせき》という人が書いた蛇女の話があり、そこでは、身ごもった女が夫の留守中に鼠の大群に襲われて腹を喰い破られたところ、実はこの女の正体は蛇で、彼女は大蛇に化身した。それを見た夫が海に身を投げると、蛇の群れが現れて鼠の軍勢に復讐した。だが翌年には鼠が蛇に逆襲し、幾百年もこれを繰り返した――。

美佐代さんは震えあがってしまった。奥尻島は風光明媚で海の幸に恵まれた観光に良い所だが、なにしろ蛇が厭なのだから仕方がない。島の滞在は今日限りにして、次の宿泊地として予定していた札幌へ、早めに移動することにした。

島で過ごす最後の夜、蒲団に入って読書していると、表で呼ばわる女の声がした。

「ミサヨォ、ミサヨォ」

独り旅で連れはない。宿の者が客を呼び捨てにするわけもない。

蒲団に潜ってやりすごそうとしたが、呼ぶ声はなかなか止まなかった。

翌朝、宿の玄関先で白蛇が死んでいて騒ぎになった。それ以来、蛇が前ほど苦手ではなく、

「死んだから」と美佐代さんは言う。彼女を噛んだ蛇が島に来るはずがないのだが。

第八十一夜　語尾

黒　史郎

　数年前の夏、海藤さん一家は車で家族旅行をした。出発は深夜。途中、寄り道をしながら数日かけて目的地へと向かう、のんびりとした旅程である。

　七歳の息子と三歳の娘は、せっかくの旅行だというのになぜか元気がない。車中ではずっと眠っていたが、予約していた鈴鹿のホテルに着くと元気になり、とくに娘は大燥ぎでキャッキャとベッドの上で飛び跳ねだした。

　急に静かになったので見ると、娘は跳ねるのをやめており、ベッドの上に立っている。天井の隅をじっと見つめ、泣き出す寸前の表情をしていた。

　どうしたのと妻が聞くと、「こわいのがいる」と泣きだす。蜘蛛でもいるのかと見るが、なにもいない。息子に聞いても知らないと首を横に振る。

「なにがこわい？　パパが追い出してあげるから」

「にゃんにゃんって。にゃんにゃんっていってるの。こわいよぉ」

　今も聞こえるのだと娘は訴えてくるのだが、娘以外は誰も猫の声など聞いていない。それに娘は猫が大好きで、ぬいぐるみも持っている。怯える理由がわからない。

娘は寝る間際まで天井の隅ばかりを気にし、一時も妻から離れなかった。

娘の様子は翌朝になっても変わらず、怯えた顔で妻の陰に隠れていた。

チェックアウトを済ませると妻と娘をロビーに待たせ、息子と二人で車をとりに行った。

息子は車に乗り込むとすぐにＣＤをかけ、車内にサザンが流れる。

ブツッと曲が止まり、

「またきてにゃん」


唐突に女の声が聞こえた。嘲《あざけ》るような極めて不快な声である。

すると何事もなかったかのようにサザンの曲が流れる。

同じ声を聞いたのだろう、助手席で黙り込んでいる息子の顔色がひどく悪い。

旅行中、娘と息子の元気が戻ることはなかった。

第八十二夜　レストラン

牛抱せん夏

ひろみさんの家の近所に、オープンテラス付きの老舗のレストランがあった。

店は五十代の夫婦が経営しているのだが、もともとは夫の両親が創立したのを受け継いだらしい。景気のよかったころにはたくさんの客でにぎわっていたのだが、しだいに売上が落ち、やむなく閉店することになったと聞いていた。

建物は、売りに出されていないのか、店はそのまま残っていた。


ある夜、ひろみさんが車でこの前を通りかかると、オープンテラスだった場所に白髪頭の老婆が座っていた。こんな時間にどうしたのだろうと思ったがその場をあとにした。

それから、通るたびに老婆が座っているのを見る。

しばらくして店は解体されることになった。作業の依頼を受けたのはひろみさんの夫の会社だった。世話になった店を見届けることができると夫は喜んでいた。解体作業は数日で終わり更地となった。

数年後、その土地にマンションが建った。レストランを経営していた夫婦が建てたのだという。

ある日ひろみさんは知り合いを乗せてこの道を通りかかった。

あのとき見た老婆がマンションの入り口に座っている。老婆は正座をしながら手の平を合わせなにかつぶやいている。

「あのおばあさん、よくいるね。なにぶつぶつ言ってるんだろ」

ひろみさんが言うと、知り合いは驚いた表情で、

「見えるの？　あれ、お経だよ。見ない方がいい」

振りむくと老婆の姿はすでになかった。


数日後、マンションで飛び降り自殺があった。

その後、殺人事件が起きてニュースにもなりトラブルが続いた。

「苦労して夫婦で作り上げたレストランだからどうしても残してほしいって息子に頼みながら死んだらしいわよ。オーナーの母親。怨んでいるのね」


でもなぜか嬉しそうに笑っていたわ、と知り合いは言った。

第八十三夜　足引き

夜馬裕

僕は「足引き」って勝手に呼んでるんですけどね。

場所は問わないんですが、出るのは決まって椅子に座っている時です。

突然見えない手で両方の足首を掴まれて、ぐっと机の奥や椅子の下に引かれるんですよ。

神経の病気かと思い病院で検査もしましたが、特に異常はなくて。医者はストレスや疲労が原因と言っていましたが、明らかに人の手で足首を握られてる感触があるんです。

最初は数日おきだったんです。でも、しばらくすると毎日になり、二か月後にはもう、一日数回起こるほど頻繁になってしまい、それに合わせて引く力も強くなってきたんです。

ある晩、職場で残業していたら、机の下に転げ落ちるくらい引かれました。これはマズいな……と思いましたね。このままだと、どこか良くない所に引きずりこまれる気がして。

ところが、たまたま友人のトークイベントへ行ったら、隣に座ってる人に「足引き」が移ったんですよ。

イベント中、隣の人がビクッと足元を何度か見ていて、一方、僕はその日からまったく引かれなくなった。

凄く嬉しかったけど、結局、ひと月ちょっとで戻ってきたのにはがっかりしました。

ただ、今度は人に移せるのがわかってますからね。いろいろ試してみましたよ。

わかったことは、座った状態で長時間、近い距離にいないと駄目みたいなんです。そしてやはり、一定期間が経つと自分のところへ戻ってくる。

移した相手がどうなったかは、考えないようにしてます。悪いけど、こっちも必死ですからね。とにかく、狭いハコのイベントなんかは移すのに最適なんですよ。

「君は無趣味なわりにいろんなジャンルのイベントに参加するよね」

と何気なく尋ねたら、段田さんは飄々《ひょうひょう》とした口調で、こんな話を聞かせてくれた。


さて、実はこの話を聞いてからもう六年が経つ。彼の姿は時々見かけていたので、元気にしているのだろうと思っていたが、この原稿を執筆している今は、世界規模で新型コロナウイルスが拡大し、国内のイベントは中止されたり、間引き開催であり、他人との密接な接触も憚《はばか》られる日常だ。

果たして彼は、この状況をどう過ごしているのだろう。気になって連絡をとってみると、「本当にヤバいです」と一度メールの返信があったきり、あとは一切音沙汰なし。

この話が厭な結末を迎えないよう、彼の無事を祈るばかりである。

第八十四夜　十分間

営業のK

彼の家系には霊が視《み》える者が多かった。

しかし、彼自身はそれまで生きてきて霊というモノを一度も視た事は無かった。

家族の殆どが視えてしまうという事は、どうしても家族の話題もその手の事が多くなってしまうのかもしれない。

だから物心つく頃には、できるだけ家族とは同じ空間にいないように過ごしていた。

そのくらい自分だけが視えない事に孤独と疎外感を感じていたのだ。


そんな彼だったから、霊が視える者がいない、いたとしても公言する者などいない学校や会社での生活はとても居心地が良かったという。


三十歳の時、彼はずっと付き合っていた女性と結婚した。

すぐに子宝にも恵まれ、中古だが一戸建ても購入した彼は本当に幸せだった。

しかし、家を購入したのはあえて実家からそれほど離れてはいない場所だった。

その頃にはもう、かなり実家とは疎遠になっていたというのに、だ。

きっと視えなくても、いや視えないからこそ余計に、霊に対しての恐怖だけはしっかりと感じて育っていたのだろう。

無意識のうちに、万が一の時には、実家の家族に助けて貰わなければいけない……そんなふうに感じていた。


そして、そんな彼の「恐れ」が的中してしまう時が来た。


彼が購入した中古住宅でおかしな現象が頻発するようになったのだ。

強烈なラップ音、濃厚な気配、勝手に動かされる物……。

とうとう彼は、生まれて初めて霊というモノをその眼で視た。


奇妙な動きをする女の霊だったという。


しかし、何故か彼の妻にはその姿は見えない。

それでも、彼が初めて視る霊の恐ろしさに凍りついている事だけは妻にも分かった。

動けなくなった彼はその時、ある方向を指差しながら声にならない嗚咽を発していたそうだ。

「頼む……すぐに実家に連絡を……」

絞りだすように彼は妻にそう言った。

慌てた妻はすぐに彼の実家に電話をかけたが、繋がらない。

否、呼び出し音すら鳴らないのだ。

仕方なく妻は自分の車に乗り、五分と掛からない彼の実家へと助けを求めに向かった。

動転して覚束ない口ぶりで何とか事情を説明する。


だが、実家の姉を連れて戻ってきた妻が見たものは、床に仰臥し、恐怖に眼を見開いたまま息絶えている彼の姿だった。


彼の指示を受けた妻が実家への往復に掛かった時間はほんの十分だったという。

その間に何があって彼が絶命したのか。

真相は分からないが、そんな短時間で人間の命を奪ってしまうモノに、俺は理屈抜きに戦慄を覚えた。

第八十五夜　逆恨み

匠平

友人の貴嗣はパチンコ屋のマネージャーをやっていた時期がある。

仕事内容の詳しいことは僕にはわからないが、愚痴を聞く限りでは大変そうな仕事ということが容易に想像できた。

パチンコは僕にとっては娯楽の一つ程度の捉え方だが、人によっては生きるため、生活をするため、なけなしのお金で勝負をする人もいる。

貴嗣によると、そういうお客さんからの逆恨みが怖いという。

勝てなければ従業員を怒鳴り散らしたり、台を壊したり、乱闘騒ぎになることもある。

しかし、これもまだ行為としてはかわいいもんで、一番怖いのは店内で自殺することにより復讐を果たそうとする人がいるということだ。

「自分で借金してまでパチンコに金突っ込んで負けて、それで生活できなくなったから『責任は店にある』って自分のことを棚に上げて、店にナニか迷惑をかけてやろうって考えた結果、店内で自殺するって異常だよな」

その通りだと思う。自分勝手の極みだ。

「しかも、全員同じところで自殺するんだよ。え、場所？　トイレだよ。店内で自殺する客は全員トイレで自殺するんだ。全国どこのパチンコ屋も一緒だと思うよ」

それから数日後、友達との待ち合わせ時間に珍しく早めに到着してしまった僕は、近くのパチンコ屋で時間を潰すことにした。

三十分ほど台を打ち、煙草を一本吸い、パチンコ屋を後にする直前、尿意を感じ、トイレに向かう。

個室二つと立ち小便器二つ。

個室は両方とも「使用中」になっている。

僕は立ち小便器で用を足し、手洗い場で手を洗う。

すると、三十代半ばのスーツ姿の男性が個室トイレから出てきた。

「なんで勝てないいんだ。絶対裏であいつら操作してるよ」

ぶつぶつと文句を言いながら僕の後ろを通り過ぎトイレから出て行く。

ヘビースモーカーなのか後ろから強烈なタバコのニオイとヘビースモーカーの人、独特の体臭が鼻に刺さる。

俺も早くトイレから出よう。

鏡で軽く髪の毛を整えて、トイレから出ようとした時、
ジャーー

個室トイレから水の流す音が聞こえて何気なく振り返り、個室トイレのドアノブを見ると両方とも「使用中」になっていた。

あれ？　さっきの男性は個室から出てきたんじゃないのか？

広いトイレではないため、さっき文句を言いながら僕の後ろを通った男性が隠れる場所はない。

ということは扉の「使用中」が間違いなのだろうか。

もう少し探ろうと個室トイレを見つめていると耳元で、

なんで勝てないんだよ。


と囁かれ、咄嗟に振り返ると、そこには誰もいなかった。

たださっき感じた強烈なタバコのニオイと体臭がそこには残っていて、より強く僕の鼻を刺激した。

第八十六夜　御手洗

神　薫

トイレの個室を出て手を洗おうとしたら、三つある洗面台が全て埋まっていた。

手洗い場を占領する三人の男たちは、揃いの制服を着ている。

学校帰りに連れションか。どうせすぐに終わるだろうと後ろに立っていたが、予想に反してなかなか彼らの手洗いは終わらない。

何をそんなに汚すことがあるというのか、三人の男たちは執拗に手を洗い続けている。


待っているうちに、ふと違和感を覚えた。

そういえば、流水音が聞こえてこない。

洗面台を、水が流れていない。

三人とも激しく手をこすり合わせているが、センサー式の蛇口からは一滴も水が流れていなかった。


うわっ！

思わず声を上げた途端、三人の男はかき消えた。

洗面台は空いたが、気味が悪くなり手を洗わないまま自宅に帰った。

ネットで調べると、その商業施設のトイレでは過去に自殺があったという。

三人のうち、一人が自殺した男の霊ならば、残りの二人は何だったのか。

そんなことを考えていたら、記憶が蘇ってきた。

あのとき、洗面台の鏡に映った三人の男たちは、三つ子のように全員同じ顔をしていたのだ。

あれは何だったのかと時折考えるのだが、未だに納得のいく答えは出ない。

第八十七夜　ニンブチャー百人衆

小原　猛

沖縄戦の終結から間もない頃、佐久川さんの住んでいた首里の集落では、夜な夜な死んだニンブチャー（念仏を唱える人）が大勢現れて、生きているものを片っ端からさらい、グソー（あの世）へ連れていくという、そんな噂があった。

それは人々から「ニンブチャー百人衆」と呼ばれ、大変恐れられていた。


当時小学生だった佐久川さんは世にも恐ろしい経験をしたという。

その夜、佐久川さんはどうしても眠れずに苦しんでいた。

蚊帳の中で暑苦しさにうめきながら、うちわであおいでは汗を拭き、眠ったかと思うと暑苦しさに目を覚ます。その繰り返しだった。

ふと、夜更けに佐久川さんは意識が戻るのを感じた。

暑い。それで目が覚めたのだろうか。

いや、違う。

何かが聞こえる。

え？

お経を唱える声が聞こえる。それも一人でお経を唱えているのではない。大勢のニンブチャーが、お経を口にしながら、家の外を足を引きずりながら歩いている音がした。

佐久川さんはぞっとして、布団の中でぶるぶると震えた。しかも両親はいびきをかいており、小声で起こそうとするのだが、一向に起きる気配を見せない。

佐久川さんはだんだんと、その念仏を唱える声が、家の近くまで迫ってきているのを感じた。

このままではマブイ（魂）を取られてしまう。佐久川さんはまんじりともせず、その夜を過ごした。

寝られない夜が明け、朝になると、念仏の声も次第に遠ざかって行った。

すると起き上がった母親がこんなことを言った。

「昨夜念仏の声を聞いた」

父親は「そんなことあるわけがない」と馬鹿にしたが、実はその夜、佐久川さんの隣の家の小学生が、寝ている間に亡くなっていた。死亡原因はわからなかった。

その後、風の頼りに、ニンブチャー百人衆は勝連出身のユタに退治されたという話を聞いたが、佐久川さんには信じられなかった。なぜなら最近でもその噂はなぜか地域に伝えられているからだ。

今もそれはいるのだろうと、佐久川さんは固く信じている。

第八十八夜　賛美

原田　空

アメリカ人留学生のグレイソンさんから聞いた話。

彼は〈音〉に〈色〉と〈匂い〉を感じるのだという。取材の冒頭でそう話され、私にはその意味が理解できなかったが、これは「共感覚」と呼ばれる知覚現象で、ある人は文字を見て色を感じたり、またある人は図形を見て味を感じたりするらしい。世界、勿論日本にもこの感覚を持つ人々が少なからずおり、専門に研究している学者もいるそうである。

「日本ノ古イ曲ハ良イノガ多イネ。特ニイチバンハ『サクラ』。『サークーラーサークーラーヤーヨーイーノーソーラーワー』ッテ歌ノ」

来日して初めて『さくら』を聴いた時は、身体が震え、自然と涙が溢れたという。彼によると、この曲の〈色〉は柔らかな暖かい黄色、そして蜂蜜に似た幸せな甘い〈匂い〉がするのだという。

彼の話を聞いて、世の中には凡人の私などの理解を超越した場所に身を置く人々がいるのだなぁと甚《いた》く感動した。

しかし、良いことばかりではないと彼は言う。

良いと感じる音もあれば、当然、逆の場合もある。

「アノ曲ハダメネ。本当ニダメ」

その曲は赤黒く冷たい〈色〉で、生臭く、肉の焦げた〈臭い〉がするらしい。

『讃美歌』だという。

なぜそう感じるのかは、彼自身にも判らず、悩んでいるという。

本稿を取材した日が、奇しくも年の瀬も差し迫った聖なる夜であったことを付す。

第八十九夜　花笑み

ねこや堂

子供の頃は、通ったことのない道を見つけては探検する子だった。

その日見つけた裏路地は、その一本だけが薄暗かった。

家の生垣と生垣の隙間の、人が一人通れるくらいの道に入り込む。子供の目線で見上げても空しか見えないくらい高い生垣の間を、奥へ奥へと誘われるように歩く。子供の足で二分程経った頃、分かれ道に差しかかった。

T字路というよりは「ト」の字だろうか。そのまま真っ直ぐ進めば広い道に繋がっているようで、時折通り過ぎる車が見えた。右側は生垣に挟まれた道が続いている。

少し迷って右の路地に入った。暫く進んだその先は行き止まりのようで、路地の出口より大分手前からも竹林が空を遮っているのが見えた。

進めないのであれば仕方がない。引き返そうと視線を転じた生垣の脇に黒いエナメルの靴があった。靴からは白いタイツの足がすらりと伸びていて、黒かと見紛う程の深い緑色で緩やかなドレープを描くシンプルなフレアワンピースは、どんな美しい人が着ているのかと想像させるに十分だった。

期待を胸に見上げた先の、細やかなレースのフリルが付いたスタンドカラーの襟の上、顔のあるべき場所に載っていたのは深い桃色の芍薬《しゃくやく》の花。

人の頭の三倍はあろうかという大輪の花が、華やかに綻んでいる。風に揺れる花弁は穏やかに笑んでいるようで、暫し見惚れた。怖くはなかった。

「きれい」

思わず漏れた言葉に、つ、と持ち上げられた指がこちらに差し出される。白く細い指は爪の先まで美しい。その後ろから密やかに柔らかな女性の笑い声がさざめいている。

ああ、他にもいるのだ。この美しいものが――。感嘆に知らず瞼を伏せた瞬間。

「ゆうちゃん？」

背後から声をかけられて顔を向ける。自転車に跨《また》がった同級生が不思議そうな様子でこちらを見ていた。

「その先、お寺じゃん。おうちの用事？」

言われて路地の先に目を向ければ、確かに竹林の前には寺の裏門と思しきものがある。

もう一度生垣のほうを見たが、あれはもういなかった。ただ、生垣の向こうに芍薬が一株、風に揺れている。一際大きく美しい花が一輪、生垣に凭《もた》れるように見つめ返したような気がした。

第九十夜　知らせ

服部義史

立浪さんの実家から二十メートル程先の道路の脇には、小さなお地蔵さんがある。

いつからそこにあるのかは分からないが、彼女のお婆さんがよくお供え物をしていた記憶があった。

自然と習慣付いていた彼女も、休みの日などにはお花などを供えるようになっていた。

ある日の事、お地蔵さんにお花を供えようとすると、違和感を覚えた。

お地蔵さんの細い目が、幾分大きくなっているように見える。

その両目からは、まるで涙のような染みが頬の辺りまで伸びていた。


(雨かなぁ、泣いているようでなんだか可哀想)


彼女は持っていたハンカチで拭いてあげるが、水分が染み込んだような痕は消えなかった。

「今度、お饅頭でも持ってくるからね。それまでには泣き止んでね」

何のつもりもない冗談を言い残し、家に帰ろうと歩き出した。

間も無く家に辿り着こうというところで、背後から強烈なスキール音が聞こえた。

反射的に振り返ると、停車してる車とその前に倒れた小さな自転車、そして子供の姿のようなものが見えた。

動揺し、その場で動けなくなってしまった立浪さん。

異常なスキール音を確認しに表へ出た近所の住民によって、救急の手配がされたという。

「その子はね、助からなかったんです」

実は、彼女がお地蔵さんの前で事故に遭遇したのはもう一度だけある。

やはり涙を流した地蔵を見た直後に、子供が車に撥ねられた。

「もう、あんなことは沢山です」

現在、そのお地蔵さんの前には沢山の供物が並ぶようになった。

それは悲劇を繰り返したくはないという立浪さんや近所の住民の手によるものだという。

第九十一夜　触らぬ神に

つくね乱蔵

令和二年元旦。平野さんは奥さんの愛子さんを伴って初詣に出かけた。

遠出はしない。マンションから歩いて数分の神社だ。地元の人間しか知らないような小さな神社だが、意外と参拝客は多い。

列の最後尾につき、順番を待つ。鳥居をくぐるまで十分以上かかりそうである。

他愛もない会話を交わしながら、列が進むのを待った。

あと少しで鳥居というところで、愛子さんがいきなり黙り込んだ。どうしたのか訊いても返事がない。

険しい顔つきで何かを凝視している。視線の先には、見覚えのある後ろ姿があった。

同じマンションに住む米沢だ。去年引っ越してきたばかりの中年男性である。

どうやら一人暮らしらしく、他の家族を見かけたことはない。

会話を交わしたのは数分程度だが、何となく胡散臭い印象である。

とは言え、立ち竦んで凝視するような人物とも思えない。列が進み、歩き出そうとする平野さんを愛子さんが止めた。

今にも泣きだしそうな顔である。あまりの様子に平野さんは愛子さんの手を引いて列を離れた。

少し歩くとバス停があった。ベンチに座らせ、優しく手を握っていると、ようやく落ち着いたらしい。

愛子さんは、ぽつぽつと話し始めた。

普段から米沢の頭上には、黒い影が漂っているのだという。

それは、まるで自分専用の雨雲のようだ。さっき見たら、その雨雲が物凄く大きくなっていた。

根拠は無いが、あそこにいる人たちの願いとか希望とかを吸っている気がする。

そこまで話した時、境内から悲鳴が聞こえた。どうやら誰か倒れたらしく、救急車を呼べなどと叫んでいる。

しばらくすると、米沢が出てきた。上を向きながら歩きだす。満面の笑みを浮かべている。

愛子さんが吐き出すように呟いた。

「あの人、見えてる。どうなるか分かった上でここに来たんだわ」

第九十二夜　背中のデキモノ

朱雀門　出

今からもう四十年以上も昔のことになる。

まだ小学校低学年だったTさんは、いつものようにお父さんと銭湯に行った。

当時はおおらかといおうか、まだ背中に絵を彫っている人も普通に見かけた。最初に見たときは、指をさして父親にアレは何なのかとはしゃいで訊いたものだが、もうそれはとてもイケないことだとわかっている。

だが、その日はもっと珍しい者を目にしてしまった。

背中に、おちんちんが付いている男がいたのだ。

あまりのことに二度見も三度見もした。入れ墨の男には決して行わない観察である。

その男は、父親と同じくらいの年格好だった。

銭湯では会ったことのない人物だ。それからも会わなかったので、銭湯を普段は使わないのだろう。ただ、服を着た姿は見かけたので、近所に住む男だとは思っていた。

男の背中に付いている男性器は小さかった。股間に付いている〝本物〟とは大きさも違うし、毛も付いていなければ、皮もかむっていた。こどものおちんちんなのだ。

大人の男の背中に、こどものおちんちん。異様である。しかし、それを気にする人はいなかった。いや、正確には、ギョッとして軽くのけぞった人が一人だけいたが、それ以外は特に皆気に留めていないようだった。だから、デキモノのような病的なものであり、それに触れるのはよくないのだと黙っていた。

その目撃から一年後。

Tさんは別の意味でとても驚いた。その背中におちんちんを付けていた男が警察に逮捕されていたのだ。

男の子を殺して埋めていたそうで、あの背中のモノと結びつけて考えるとゾッとしたという。

第九十三夜　声が聞こえる

夜馬裕

「怖い話を聞くと、子どもの声が聞こえるようになったんです」

そう話すのは、久恵さんという三十代の女性。きっかけは数年前、深夜に何気なく聞いていたラジオから、真夏の企画として、リスナーの心霊体験が流れた時だった。

過剰演出するパーソナリティーの語り口に飽き、うとうとしながら聞き流していると、久恵さんの耳元で突然、「こわいねえ」と、小さな男の子の声がした。

驚いて飛び起きたが、独り暮らしのワンルームを見回しても、誰の姿も見当たらない。

うっかり眠って夢でも見たかと思ったが、しばらくすると、今度は自身の左肩すぐ後ろから、「こわいねえ」という子どもの囁き声がはっきりと聞こえたという。

以来、彼女は怖い話を聞くと、すぐ耳元で子どもの声が聞こえるようになった。

とはいえ、「へえぇ」「うわあ」「こわいね」など、子どもの相づちのような台詞ばかりなので、最初こそ霊にとり憑かれたと怯えたものの、他に何ら害悪を及ぼすわけでもないため、時が経つうちにすっかり慣れ親しみ、子どもを可愛くすら思えるようになった。

声が聞こえるようになってから、数年が経ったある夏の夜。

初めて寄ったバーで、落ち着いた雰囲気の若者から突然、「美味しそうな人ですね」と声をかけられた。変な誘い方をする男だな……とは思ったが、顔立ちが久恵さん好みだったので、誘われるがまま一緒に酒を飲むことにした。

ところが、男性がカウンターの横に座ると、「こわい！　こわい！」と子どもの喚《わめ》く声が大音量で聞こえてきた。普段ないことなので驚きつつも、表面上は何事もないように振る舞っていたが、耳元ではずっと「こわい！」が連発されている。

乾杯してしばらくすると、急に男性が「怖い話をひとつ知っているんですよ」と言い出した。子どもが先回りして怖がるくらいなので、どれだけの話かと思って期待したものの、よくある普通の怪談である。彼女が拍子抜けしている傍で、子どもの声は終始「こわい！」と叫び続け、やがて男性が話し終えると、「あぁぁ……」と小さく唸ったきり静かになった。

そして話し終えた男性は、彼女の顔をじっと見つめながら、なぜか「ごちそうさま」と満面の笑顔で言ったそうである。

この夜から、子どもの声は二度と聞こえなくなった。

久恵さんは、あの夜の悲鳴に近い男の子の声を思い出すと、今でも胸が痛むという。

ただ最後は、「でもね、お子様よりやっぱりオトコが大事です」と笑って締め括《くく》った。

あの夜出逢った男性が今の夫で、以来、久恵さんは幸せな結婚生活を送っているそうだ。

第九十四夜　愛宕山トンネル

加藤　一

ある取材中のこと。月島でもんじゃ焼きを突きながら榊野さんがぼやく。

「僕はねえ、愛宕山が駄目なの」

――ああ、京都の？　それとも山梨のほう？

「いや、都内のほう」

愛宕山。港区愛宕にある丘陵で、標高二十五・七メートル。人工的に造成されたのではない天然山としては二十三区内の最高峰である。

そしてこの山を貫通するのが愛宕山トンネル。二十三区内唯一の山岳トンネルでもある。

長さはたったの七十六メートル。入り口から出口が煌々と見える程度に短く、およそ怪異に見舞われるスポット特有のミステリアスな神妙さみたいなものは感じ得ない。

――えー。怖い要素ありますかね、あそこ。

「あるある。あそこさ、夜にタクシーで通り抜けとかするとさ、出んのよ」

――出るとは。

と身を乗り出すと榊野さんは、自身の下瞼を指先でトントンと叩いて見せた。

「目がね。バーッと」

一方通行の細い道路、その両脇に手摺りの付いた歩道がある。

アーチを描いて迫ってくるトンネルの、タイル張りの側壁。

その壁一面に目が現れる。左右どちらのものとも付かぬ無数の目はトンネルの内壁全てを埋め尽くし、道行くタクシーの車内を一斉に覗き見るのだという。

「とにかく、めっちゃ見られるのよ」

また別の夜には、今度は目以外のものがやはり壁一面を埋め尽くしていた。

「そのときは、曼荼羅だったたね。まあ、仏様関係だから？　それはそれでありがたいものなのかもしれないけど……僕にはありがたみ全然なかったね。ひたすら怖いだけ」

前後して榊野さんからは「もっと手酷くやばい話」なども伺っていたのだが、当人はそんなことより何よりやばいのは愛宕山トンネルである、と力説して譲らない。

「あれはもう僕的には絶対ＮＧ。君らも絶対に行っちゃ駄目よ」

そういえば、取材をしているとしばしばこういうことがある。書き手や読者の立場からして見れば、怪談としてさして面白みがなさそうに思える場所について、彼らは異様なほどの強い警戒を示すのだ。こういう諫言には従っておいて損はない。

僕は「そうですね」と頷いてハイボールのおかわりを頼んだ。

第九十五夜　ホラー好き

糸柳寿昭

「観たよ、あの映画。言ってた通り、すげえ怖くて面白かったよ」

「だろ！　中々やるよな。最初はなにが怖いのかよくわかんないんだけど、話が進んでいったら目が離せなくなるし。興行収入イマイチだったみたいだけど秀作だよ」

「特に最後の心霊スポットに行くところ。なんか出るかと思って、ドキドキした」

「合間合間に入る小話みたいなのも面白いだろ。けっこう何回も観れるんだよね！」

「そういえば最初、部屋で怖い目にあう大学生の子。あの部屋って覚えてるか？」

「可愛いよな。ああいう子、すげえタイプなんだよ、オレ」

「そうじゃなくて部屋だよ。あれって千葉県にあるマンションじゃないの？」

「千葉県？　いや、そこまでわかんねえけど。なんで？」

「なんか見覚えあるなあって思いながら観てたんだけど、多分そうだよ。撮影で使われた部屋、オレの叔父さんが住んでたマンション。見た感じも間取りも一緒だもん」

「そうなの？　そのマンションで映画の撮影があったってこと？」

「多分そう。これすごくね？　首吊りのゆうれいが出た部屋。本物の事故物件で撮ったんじゃあねえの？　リアルホラー映画！　しかも叔父さんが住んでたところ！」

「それすげえな！　オレだったらめちゃくちゃ嬉しいわ！」

「オレもなんか嬉しかった！　叔父さん、ありがとうって感じ！」

「え？　ってことは……お前の叔父さんって事故物件に住んでたのかよ。すげえ！」

「違うって！　そうじゃなくて叔父さんが死んで事故物件になったんだよ」

「は？　お前の叔父さん死んでるの？」

「おう！　バリバリ死んでる。何年か前だよ。もちろん、映画よりも前な！」

「お前の叔父さん、なんで死んだんだ？」

「それがさ、ダサいことに借金で首吊りっていうショボさなんだよ！」

「マジかよ。ってことは……」

「お。わかる？　この意味わかる？」

「あの映画は事故物件で撮影されたってことか！」

「よく気づいた！　そういうことなんだよ！　すげえだろ！」

「すげえ！　ホラー映画にスタッフたちは本物思考って！　すげえ尊敬する！」

「しかもだよ！　映画の内容と同じなんだよ！　オレの叔父さん、首吊り自殺！　スゴくね？

もう最高だよ！　映画の首吊りゆうれいが出る部屋を撮影したのが、本当にひとが首吊って死んだ部屋とか。どこまでリアルなんだよって話だよな！」

「撮影した映画のひとたち、知ってたのかな？」

「どうなんだろうな。とりあえず事故物件のサイトには載ってなかった」

「でも知ってたんじゃねえの？」

「うん、そうであって欲しい！　映画に価値が出るもんね、きっと！」

「あ！　もしかして、このことＳＮＳとかに書いたらバズるんじゃね？」

「だから昨日、映画終わったあと、そのこと書こうとしたけどダメだったわ」

「バズらなかったかあ。そりゃそうだよな。よく考えたら、ちょっと怖いしな」

「そうじゃなくて。書こうとしたら耳元で『殺すぞ』って声がしたんだよ。見たら叔父さんが真横で睨みつけて消えるし。怖くて書けんかったとか、超ウケる」

第九十六夜　闇夜に跳ねる

郷内心瞳

数年前の夏場、宮城の片田舎であった話である。

週末の夜更け過ぎ、会社員の勝木さんが、彼女とふたりで地元のコンビニへ買い物に出かけた。

コンビニは、勝木さんが暮らすアパートから車で十分ほどの距離にある。

店へと向かう途中には、道の両脇に田畑が広がる、幅の狭い農免道路があった。昼夜を問わず車の往来は少なく、道端に古びた街灯がまばらに立つだけのうら寂しい小道である。

アパートを出てまもなく、車が農免道路へ至ると、助手席に座る彼女が「ん？」と声をあげた。

どうしたのかと尋ねると、「あれってなんだろう？」と首を傾げながら、真っ暗闇に染まった助手席側の車外を指さす。彼女が示す指先をたどって視線を向けてみると、青々と葉を茂らせた田んぼの中で何やら白くて丸みを帯びたものが、ぼんぼん飛び跳ねているのが見えた。

車からの距離はおよそ二十メートル。道端に立つ街灯の光も届かないような距離にも拘わらず、まるで自らが発光しているかのごとく、暗闇の中に淡白い輪郭がぼんやりと浮かんでいる。

大きさは目算で二メートルくらいだろうか。遠くから見た印象では、ぱんぱんに膨れあがったゴミ袋のような形をしている。

そんなものが漆黒に包まれた田んぼの中をバスケットボールよろしく、高々と宙を舞いながら盛んに跳ね回っているのだが、この距離からでは、それ以上の仔細を知ることはできなかった。

長らく通い慣れた道ながら、夜中に田んぼの中を跳ねるものなど一度も目にしたことはない。どうにも正体が気になってしまい、路肩に車を停めて様子をうかがってみることにする。

彼女とふたりで車を降り、路肩に並んで田んぼのほうへ視線を向け始めると、こちらの存在に気づいたのか、件の白くて怪しい物体が、路肩に向かってぼんぼん跳ねながら近づいてきた。

みるみるうちに互いの距離が縮まり、しだいにそれの仔細が闇の中へと浮かびあがってくるや、勝木さんと彼女はたちまち悲鳴をあげて車の中へ駆け戻った。

田んぼの中を跳ね回っていたのは、大人の背丈よりも大きな女の生首だった。

得体の知れない大きな首は、白粉《おしろい》で固めたような真っ白な面貌にぎらぎらとした笑みを浮かべていた。そして、長い黒髪を振り乱しながら田んぼの中をぼんぼん飛び跳ね、こちらへ迫って来ていたのだった。

アクセルをべた踏みにして車をだすと、あとは脇目も振らずに暗闇に静まり返った農免道路を猛スピードで走り抜けた。

その後は別のルートを使って家路を辿り、さらにはしばらくの間、夜間に農免道路を走るのは避けるようになってしまったそうである。

第九十七夜　飛ぶ女。飛ぶ男。

住倉カオス

いわゆる〝ホスト遊び〟というものが、お気に入りホストに女性客がいかに金を使うかを競う〝見栄の遊び〟だ、というのはよく言われることである。

そうなると当然トラブルも発生する。「掛け（売掛、いわゆるツケ）」を払えなくなった女性客が〝飛ぶ（逃げるの隠語）〟というのもよく聞くし、色恋営業の果てに店の目の前のビルの屋上から文字通り〝飛ぶ〟といった話も、ホストのメッカ・歌舞伎町に出入りしている人間なら珍しく感じないだろう。

雑誌カメラマン時代、僕もホスト街のど真ん中でビルの非常階段から女性が身を乗り出し、自分の担当のホストへの恨み言を叫んでいる場面に遭遇したことがある。警官や人混みがどんどんと集まってくる中、彼女は足を滑らせたのか自らの意思なのか、「あっ」と驚いたような声を上げ、頭をガクッと仰け反らせて地面に落ちた。

六階の高さから、おそらく膝から地面に着いたのであろうか、縦になっていた体が一瞬丸くなり、それから横に伸びたように僕からは見えた。一瞬遅れて重い「ベチッ」っという音が周りの雑居ビルに反響したのを今でも覚えている。

彼女の体はガクガクとしばらく痙攣《けいれん》しているようで、頭の辺りからは黒い血が広がっているように見えたが、警官がすぐに周りを囲んで見えなくなった。

飛ぶのは女性客だけではない。客の残した〝掛け〟は個々の担当ホストが店に対して被る借金になるため、時には数千万の負債を抱えたホストが、失踪したり、出勤してこないため部屋を訪れると中で首を吊っていた、という話を聞いたこともある。

やはりその頃に、SMの女王様のような恰好でホストを専門に撮っている女性カメラマンがメディアに度々登場していた。彼女の名を綾瀬凛さんという。

凛さんは今でも歌舞伎町にスタジオを構え、ホストやファッション誌などの撮影を行っている。ホストの撮影はスタジオばかりでなく、店に赴き撮影することもある。

その日もアシスタントの男の子を連れて、ホスト街の真ん中にある某店舗での撮影を無事終了させた。

その店は雑居ビルの四階にあった。エレベーターは狭く、人が三人も乗ればいっぱいになるようなものだった。機材は多く、二、三回に分けて載せなければならない。

彼女はアシスタントに指示した。

「一回先に行って下まで降ろしといて」

アシスタントは指示に従い、店から出て共用の廊下にあるエレベーター前まで荷物を運びはじめた。

彼女は店内で片付けの続きをしていた。

機材がもう一便運べる状態になったので、彼女は自分でエレベーター前まで運んだ。

すると、だいぶ前に下に降りたはずのアシスタントが、まだエレベーターの前に突っ立っていた。

「まだ来ないのかよ」

彼女はいささかぞんざいにそう言いながら、扉の上の階数を示す電光表示を見た。

するとエレベーターはすでにこの階に来て止まっているようだった。

「何やってんだよ！」

彼女は声を荒げてエレベーターの乗り場ボタンの下向きの矢印を押した。

すると扉は静かに開き、空っぽの室内が見えた。するとアシスタントは、

「わ、わ、わぁっ」

と大げさに声を上げた。凛さんは
「なんだよ！」と少し怒ったのだが、アシスタントの男の子は慌てふためくばかりだった。

「確かに乗ってたんですよ！」

とにかく彼を落ち着かせて話を聞くことにした。

彼がエレベーターに荷物を載せようとしたときに、先客のホストらしき男が先に扉の前で待っていた。

エレベーターが小さいため、彼はそのホストをやり過ごして次の便で行こうと思った。

そして扉が開き、中に乗り込むホストの横顔を見たときに彼は大層驚いたそうだ。

そのホストは同じビル内にある別店舗のSだったのだ。Sは歌舞伎町で顔の知られたホスト

だった。

　そしてアシスタントは、Ｓが乗り込んだエレベーターの階数表示が全く動かないから、ずっとそれを見ていたのだと言うのだ。

「そんなんあるわけないじゃん」

　凛さんは言った。そうなのだ。そんなことあるわけないのだ。

「だってＳは先週首吊って……」

　そんな話を教えてくれた凛さんは、今夜も写真を撮っている。

「まぁ歌舞伎町《ここ》ではよくあるっすよね」

　そうか、よくあることなのか。

第九十八夜　階下

松村進吉

事務職、Tさんの話。今年の春先のことである。

「子供が大きくなってきたら、布団が小さくなっちゃって。今は私、ひとりで二階で寝てるんですね」

就寝の準備が整うと、旦那さんにお子さんを任せて、彼女は二階の寝室に上がるというのが最近の習慣らしい。

そんなある夜。

Tさんは寝入りばなに、何故か枕元のカーテンが揺れているような気がした。

「ちょっとだけ、カーテンに隙間が空いてるのはわかってたんですけど。でも窓も開けてないし、変だな――どうして揺れてるんだろうな、って思ってたら」

――カタン。と、窓際で何かが鳴った。

次の瞬間、頭の横の布団がグッ、と沈んだ。

ハッとして顔を向けようと思ったが、身体は石膏で固められたように動かない。

「うわっ、怖いッ……、どうしようどうしよう、ってパニックになって」

鳥肌立つほどの怯えが、彼女を震わせた。生まれて初めての「金縛り」であったという。

ほどなく、頭上の暗い空間から声がする。

幼稚園生くらいの幼い声。

〈……降りていってもいい？〉

Tさんは、訳もわからぬまま、両目を固く閉じたまま、思わず――。

「……うん。うん。ひとりで大丈夫？」

すると声は〈うん〉と答え、グッ、グッ、グッ、グッ、と彼女の布団を踏みながら足元の方へ進み――気配が消えた。

寝室から出ていったようだ。

とても、そのまま寝てはいられない。彼女は全身を激しく軋ませ、どうにかこうにか布団を這い出すと、階下の家族の元へ行こうとした。

おぼつかぬ足取りで寝室を出て、壁につかまり、階段を見下ろす。


「…………」


――その、階下の暗さに。

また鳥肌が立った。

第九十九話　朝がくる

平山夢明

「……不死原《ふじわら》ってのは縁起が良い名前でしょ。だって死なないんだから、はは。……でも、ほんとは逆なんだ。あんまり過酷で厳しい山だから死なないって、そう思わなきゃ登ってこれない。昔は塩だの味噌だの運ばなきゃなんないこともあったしね。峠って名前は付いてるけれど、それだって少しでも怖さを和らげようとした冗談みてえなもんじゃないかっておれは思ってる。だって峠でもなんでもないんだもの。そこを通るしか村に行けないから峠。行商だって百姓だって、みんな死ぬ思いで崖を巻いて、それこそ蛙みたいに山肌に貼り付きながら、ジリジリ、ジリジリって通ったんだ。戦後何十年も経ってやっと下に国道ができてトンネルが開通したから、そんなことは思いもよらないだろうけどね。まあ国道っつっても名ばかりの酷道だけどね、ははは。でも、なんか、ほんと不死原には怪我はないって云われてんだ。落ちたら確実に死ぬ。助からない。だから怪我はない……だから決めたんだ……遊び半分の生半可な奴らを相手にしなくても良い山小屋だろうって思ったからね」

Oさんが不死原峠で麓の所有者から引き継いだ山小屋は正式なものではなかったという。

「元々、杣小屋《そまごや》に使ってたのが段々、避難小屋になったみたいなものだね。まあ居るのが仕事みたいなものさ。こんなとこにはルートから外れたり、難儀したりしない限り、わざわざよる者はないからね。そういう人に正しい道を教えたり、泊まらせて翌日帰したりが仕事だね」

幸い大怪我をしてやってくるという人はいなかった。

「そういう人は元々自分が泊まっていた小屋に連絡をするのかもしんないし、こんな小屋に辿り着くことはまずないからね。途中で死んじまうから」

Oさんは気が向くとバイトをしている町から小屋に出掛け、数日を過ごした。蒲鉾《かまぼこ》の板に◎と×を書き、扉の横にぶら下げた。◎はやってる、×は不在というわけだ。

一年目は何という事もなく過ぎた。二年目に入った頃、奇妙な気分になることが増えた。

――山が泣くのである。

「泣くっつっても。人間みたいに泣くわけじゃないんだ。ただ……」

夜、寝ていると地の底が唸るような気配がするのだという。

奥の座敷にへばり付くようにして寝袋にくるまっているとドロドロドロドロ。爪先から頭の天《てっ》辺《ぺん》へ抜けるような気配が明け方まで続く。ドロドロは次第に、むおーんむおーんと変化するのだという。

「きっと一年目は躯が慣れてなかったんだな。だから泣き声が聞こえなかったんだ」

またその年、挨拶に伺った際、元主人から〈山は泣いた？〉と聞かされたのもあったのだろうと云う。彼はOさんに〈何かあったら柱に傷を付けると良い。あれは小屋の記録だ〉と妙なことを云い、更に〈一声呼びには気を付けて。返事はしないがいいよ〉と付け加えた。

それ、なんですか？　と訊くと。

「電話は〈もしもし〉って云うだろ。あれは初めて電話を使った人が自分は人間ですよって相手に証す為に始めたそうだ。だって目の前にいないのに受話器から声が聞こえてくるんだもんねぇ。それは気味が悪いじゃない。昔っから狢《むじな》とか幽霊が人を驚かす時は〈もし〉の一声しか発しない。だからそういうのを〈一声呼び〉とか〈一声叫び〉って云って絶対に返事をしちゃいけない。相手にしちゃいけないっていうんだ」

――つまり、そういうことが不死原峠では起きるということだね。

話を聞いたOさんは小屋に戻ると柱を調べてみた。するとそこにはたくさんの傷が彫りつけられていたという。

「数えると全部で八十、八九あったんじゃないかね。もっと古い傷もあったけど。その人が管理してたのが二十年ぐらいだから開いていた時期にはまず一回は何かあったんだよ」

ある夜、また山が泣いた。Oさんは早めに寝てしまおうと、酒を急いで呑み干すと寝床に潜った。するとランタンだけが灯る、仄暗い闇のなかから〈なあに〉と声がした。

明らかに女の子の声だった。驚いて黙っていると、また〈なあに〉と甘えるような声がした。

「これは何だ?ってしか思わなかったね。だってそんな事、絶対にありえないもんね」

声は時折、小屋のなかを移動した。Oさんは目を瞑っていた。

と、今度は小屋の戸がほとほとと叩かれた。『もし』と男の声だった。先ほどよりもハッキリと聞こえる人の声だ。もしかすると救難者かもしれない。小屋主ならば開けなくてはならなかった。

「はい!」Oさんは返事をすると立ち上がった。

「誰ですか?」

Oさんは扉を開けた。が、そこには誰もいなかった。

月が白々と辺りを照らしているだけだった。

先程までの心細さも、暢気に月光に照らされている樹木の陰に癒やされた。振り返ると土間にも座敷にも何の異常もない。

「なんだ空耳《そらみみ》か」苦笑して寝直そうと便所に向かった。

立て付けの悪い戸は開けづらかった。力を込めて、勢いよくぐいっと開け放った途端——。

ひとつの大きな首があった。

「自分の身の丈と同じ人の首が、どんと俺を見ていたんだ」

翌朝、Oさんは土間に倒れ伏している自分に気づいた。

「それからは絶対に夜は開けないようにした。どうしても用があるなら、もっとドンドンやるだろうってね」


四年目になった頃。大学生風の三人組がやってきた。

「なんか手で持つアンテナみたいなのをかざしてて。変わった奴らだなと思ったよ。そいつら一晩泊まらせてくれって云ってね」

いかにも都会の若者らしい彼らはOさんにしきりに怖い話をせがんだという。

「なんでもそういう幽霊の研究をしている学者の卵みたいなもんだと云ってたな。パラなんちゃらっていうんだって……」

リーダーらしい男はKと名乗った。四人は深夜遅くまで呑み語らった。

「おれは何となく憶えていた話を四つか五つ話してやったんだ。奴らは嬉しそうだったよ」

彼らは霊を見る『電波』があると云った。

「何ヘルツとかいって、それが聞こえると人間は霊を見ることが多くなるっていうんだ」

男達は日本中のあちこちを回って、その霊の音域を探していた。

「奴らの話では不死原峠は山の作りのせいなのか、凄く霊の音が出やすい山なんだそうだ」

Kは0さんの体験もそれが原因だと断言した。

また0さんも〈山の泣き〉について話した。すると彼らはさも感心したように頷いたという。

「奴らの云うには正しく、それがなんとかヘルツの仕業らしいんだよ」

0さんは頷いた。

「その年は二度ぐらい来たね。でも見てると素人の癖に崖の縁やら急勾配のすっ転ばしの上で実験したりしてるから、危ないから止しなって、何度か強く注意もしたっけな。あいつら、もう夢中になっちゃって全然、聞く耳もたなかったけど」

Kは霊はいるのだけれど、まだ科学の発展がそこに伴っていないのだと説明したという。

〈ウィルスを発見するには顕微鏡の完成までまたなきゃならなかったけど、既にウィルス自体は存在していた〉Kは0さんにこう説明したと云う。

若者達は翌日、山を下りて行った。

「で、次の年も同じ時期に奴らやってきたんだ」

結構な重装備だったという。Kの話では縦走する計画だと云った。

「俺は気を付けなよって念を押したんだけどなあ」


深夜、ドアを叩く音で目が覚めた。――「もし」と相手は云った。

「声に聞き覚えがあったから、もしかしたら奴らやったんじゃねえかって……」

Oさんは咄嗟にただ事で無いものを感じ、扉を開けた――Kだった。顔を見せてから一週間は経っていた。

躯を投げ出すようにしてOさんに抱きついたKはそのまま土間に膝を突いた。

「もう朝晩は雪が降るような寒さでな。躯が氷みたいに冷たくってなあ」

全身、泥だらけで、特に頭は怪我をしているのか血まみれだった。

時刻は既に午後十一時を回っていた。直ぐに無線で連絡をしたが救援が来るのは夜が明けなければ無理とのことだった。

「俺はありったけの包帯やら薬やらでなんとかしてやりたかったんだけどな」

Kは身体中から異臭を放っていた。それは単に風呂に入らないからという汗や垢じみたものからではなかった。

できる手当は全てやり、OさんはKに水を飲ませると連絡先などを聴き取ることにした。

「なにか云いたいことはないかって訊くと」

Kは「僕らは悪いことをしました」と云った。

「奴が云うには実験を確かなものにしようとするあまり、あちこちにあったケルンを突き崩して回ってたそうだ。なかには死者を弔うものもあっただろうに」

罰が当たりましたとKは呟き、続けたという。

「あれから三人で山に入ったんだが、張った場所が悪かったのか夜中にテントごと崖から落っこちたらしいんだ」

Kたちは三人ひと組のテントを使っていたという。それが不意にテント全体を大きな岩か泥のようなものがドンッと押したのだという。

「霊の音波を検知した直後だった。波形がどんぴしゃになった途端、テントの外から〈もし〉って聞こえて、仲間のひとりが〈はい〉って返事をした途端」

凄まじい暴力的な力に彼らは揉みくちゃにされ、気がつけば全員が谷底へ滑落していた。

「テントの柱も何も折れてしまって、俺達はサンドイッチ状態になったまま動けなくなった。俺は真ん中だったんで被害が一番小さかったんだ。まるで人間の詰まった餃子《ぎょうざ》か饅頭《まんじゅう》の状態だった」

Kは手足を動かそうとしたがムダだった。テントの頑丈な生地が彼らをぴったりと包《くる》んでしまっていた。

「下の奴はもう息をしてなかったと思う。声を掛けても全くの無反応で……」

Kの上に載っていた仲間はまだ息があるようで呻いていた。

「奴の血がぼとぼとと自分にかかった。また下の人間から染み出た血やら何やらが服に染みて下着をゆっくり濡らすのも人の寝小便を貰ってるみたいで……」

上の仲間は〈かあさん〉と云って返事をしなくなったという。
Ｋも次第に眠くなり意識を失った。次に目が覚めるとテントのなかは日の光で明るくなってい
た。躯は全く動かせないが、目の前に割れた顔があった。顔の顔がずれて端に寄ってしまい半分
脱ぎかけた靴下のようになっていた。歯が笑ったように覗いたまま動かなかった。
下からは便の臭いがした。何か時折、上下どちらかの腹が鳴るのが聞こえた。Ｋは助けを呼ぼ
うと叫んだ。が、何の反応もなかった。あるのは薄オレンジ色のテントの生地と血の臭いと血そ
のものだけだった。
気がつくと真っ暗になっていた。
もうふたりの躯は冷たくなっていた。挟まれているだけに自分の体温が彼らに吸われていくの
がわかった。Ｋはまた叫んだ。が返事は無く、その内に声が枯れてしまった。何か宇宙空間に放
り出されたような絶望に襲われ、躯を思い切り動かした。すると手足はわずかに動いたが、しっ
かりと巻き付けられたテント生地が死体とＫを固定していた。喉が焼けていた。水が欲しかっ
た。このままじわじわと死ぬんだと思うと恐怖に襲われた。と、どこかでブーンと音がした。自
分たちの音波計測器の音だとわかった。
「聞いただけでわかりました。山が泣いたんです」Ｋは云った。
すると〈もし〉と上の死体が鳴った。
Ｋの下から〈ふふ〉と声が返った。
――ちくり。

下から動かないはずの指がズボン越しに自分の太腿を抓るのを感じた。

〈もしぃ〉〈もしぃ〉

ギョッとしたこちらの気持ちを見透かすかのように、またふたりが嗤った。

「よせ！　やめろ！」　思わずKは怒鳴った。

死体は暫し沈黙したが、すぐに云った。

〈ちくしょう〉

〈ぢぐじょう〉

山全体が振動するように揺れた。また崖崩れが起きたら今度こそ終わる。

するとまた太腿が抓られた。顔の上の死体がうがいをするような音を立てて揺れた。

「俺はテントを出なくちゃと思った。ここから出なくちゃ。死んでも死にきれないって」

Kは動かせる右手と左足を使ってもがいた。なんとか死んだ仲間との間に隙間ができた。

目の端にテントの破れ目があった。Kは指を差し入れ、引き裂こうとしたが、ぐんにゃりするばかりでビリッと裂ける様子がない。

「当たり前だよね。テントの生地ってのは物凄く丈夫なんだから。人間の力で裂けるはずがない」そうOさんは呟いた。

Kは生地に頭を突っ込むと歯を使って少しずつ囓り取るようにしてみた。がりがり……歯と歯を擦り合わせるようにすると、なんとか穴が広がった。

しめた！　これで生地が破れる。

Ｋは夢中になって歯で生地を裂き、指でできた穴を広げた。一センチ一センチまるで気の遠くなる作業だった。

「朝が来れば絶対に助かると思ったんです。絶対に朝日が上れば」

やがて穴を頭ひとつ分にまで広げることができた。

やった！　脱出できる！　そう思った時、また嗤い声がし、下と上から躯が掴まれた。

〈ここにいよう〉

〈い゛っ゛じょ゛に゛い゛ょう〉

「いやだ！」

そう叫んだ途端、周囲が明るくなった。

明けた！　朝がきた！

Ｋは仲間の躯を足で思い切り蹴ると穴の中へと頭を突き出した。

――闇だった。

さっきまでの光が消え、何処にも明かりがない。そして息もできなくなった。猛烈な悪臭と液体が目鼻を埋めた。

「げぇ」仲間の腹に頭を突っ込んでいる自分にＫは気がついた。

見るとＫはとうに裂けているテントの真ん中に座り込み、仲間の死体を掴んでいた。

「お腹がばっくりと裂けていました。既に死んでいることは明らかですが。その死体の腹が何かが嚙ったようにギザギザに裂けて穴を作っていました。そしてそこから溢れた黒い血で自分の頭はぐっしょりと濡れていました」

Kはそこまで話すと動かなくなった。

「見ると息を引き取ってた」

Oさんは小屋に保管してあった線香をKの枕辺に立てた。

「二度か三度、奴が〈ねえ〉って云ったよ。無論、返事はしなかったがね」

翌日、昼近くになって大雨の中、救援がやってきた。

「Kを安置してある座敷の隅を見るなり、奴ら大声をあげてね。遭難者は見慣れているはずだから珍しいなと思ってると」

リーダーが「Oさん。これはどういうことだ！」と血相を変えて訊いてきた。

Kの死体は既に半ば腐りきっていたという。

Oさんのジャケットの背にはKの体液と瘢痕《はんこん》が残っていた。

「なんかいろいろと調べられたけども。死後一週間は経ってるという話だった。それに……」

KはOさんが運んできた可能性があると指摘された。が、Oさんにその記憶はなく、他の二人は見つからなかった。

――彼は小屋を手放した。

俺が死んだら書いて良いよと云われていた。

私がライター時代の採話である。

あみ　怪談家、MC、作家、脚本、演出、YouTubeなど活躍中。怪談最恐戦・初代最恐位。主な著作に「レイワ怪談」シリーズなど。

我妻俊樹（あがつま・としき）　『実話怪談覚書　忌之刻』で単著デビュー。主な著作に「忌印恐怖譚」「奇々耳草紙」シリーズ。歌人。

雨宮淳司（あめみや・じゅんじ）　実話怪談大会【超-1】よりデビュー。主な著作に『恐怖箱　怪医』ほか医療系三部作。現役看護師。

伊計　翼（いけい・たすく）　怪談イベント団体「怪談社」の書記。主な著作に『怪談社THE BEST 天の章』『怪談社書記録　闇語り』など。

壱夜（いちや）　ネットでの怪談朗読ほか、怪談イベントを主催。怪談最恐戦二〇一九、準優勝。共著に『現代怪談　地獄めぐり　業火』。

牛抱せん夏（うしだき・せんか）　女優。怪談師。怪談イベント、こども向けのおはなし会など幅広く活動。近著『呪女怪談　滅魂』。

営業のK（えいぎょうのけー）　金沢市出身。昼は営業職の会社員、夜は怪談ブロガーとして活躍。近著『闇塗怪談　朽チナイ恐怖』。

緒方あきら（おがた・あきら）　シナリオライターの傍ら、小説執筆と怪談蒐集を行う。主な著作に『手繰り怪談　零レ糸』。

小田イ輔（おだ・いすけ）　『FKB饗宴5』にてデビュー。主な著作に「怪談奇聞」シリーズ。近刊共著に映画原作『未成仏百物語』。

籠　三蔵（かご・さんぞう）　尾道でのひら怪談大賞受賞。主な著作に「現代雨月物語」シリーズ『方違異談』『物忌異談』。

加藤　一（かとう・はじめ）　「超」怖い話・四代目編著者。「恐怖箱」シリーズの編者も務める。近著『「忌」怖い話　大祥忌』。

神沼三平太（かみぬま・さんぺいた）　大学の非常勤講師の傍ら怪談蒐集と執筆を行う。主な著作に「実話怪談　草」シリーズなど。

川奈まり子（かわな・まりこ）　徹底した取材に基づく実話怪談を追究。主な著作に「実話奇譚」「一〇八怪談」シリーズなど。

黒木あるじ（くろき・あるじ）　『怪談実話　震』で単著デビュー。主な著作に『怪談実話傑作選　弔』、「黒木魔奇録」シリーズなど。

黒　史郎（くろ・しろう）　小説の傍ら、実話怪談も数多く執筆。主な著作に『黒怪談傑作選　闇の舌』、「異界怪談」シリーズなど。

下駄華緒（げた・はなお）　ベーシスト。怪談師。元火葬場職員、葬儀屋。怪談最恐戦二〇一九・最恐位。主な著作に『怪談忌中録　煙仏』。

郷内心瞳（ごうない・しんどう）　宮城県で拝み屋を営む。主な著作に「拝み屋備忘録」シリーズ。同最新作に『怪談火だるま乙女』。

小原　猛（こはら・たけし）　地元沖縄の怪談、伝承の蒐集を行う。主な著作に『琉球奇譚　マブイグミの呪文』ほか「琉球奇譚」シリーズ。

糸柳寿昭（しやな・としあき）　実話怪談師。全国各地で蒐集した実話怪談を発表する団体「怪談社」所属。近著に『怪談聖　あやしかいわ』。

匠平（しょうへい）　北海道江別市出身。プロ怪談師として怪談ライブバー〈スリラーナイト〉で活躍中。近著に『北縁怪談　札幌編』。

神薫（じん・かおる）　静岡県在住の現役の眼科医。『怪談女医　閉鎖病棟奇譚』で単著デビュー。主な著作に『怨念怪談　葬難』など。

朱雀門　出（すざくもん・いづる）　「今昔奇怪録」で日本ホラー小説大賞短編賞を受賞。主な著作に「脳釘怪談」シリーズなど。

鈴木　捧（すずき・ささぐ）　実話怪談コンペ【怪談マンスリーコンテスト】よりデビュー。主な著作に『実話怪談　花筐』。

住倉カオス（すみくら・かおす）　怪談最恐戦MC。フォトグラファー。怪談イベントオーガナイザー。主な著作に『百万人の恐い話』など。

高田公太（たかだ・こうた）　青森県弘前市在住。新聞記者の傍ら県内外の実話怪談を取材執筆。主な著作に『青森怪談　弘前乃怪』ほか。

橘　百花（たちばな・ひゃっか）　栃木県出身。実話怪談大会【超-1】よりデビュー。主な著作に『恐怖箱　死縁怪談』など。

つくね乱蔵（つくね・らんぞう）　福井県出身。絶望系怪談作家の異名をとる。主な著作に『つくね乱蔵実話怪談傑作選　厭ノ蔵』など。

戸神重明（とがみ・しげあき）　群馬県高崎市で「高崎怪談会」を主宰。主な著作に『上毛鬼談　群魔』、「怪談標本箱」シリーズなど。

徳光正行（とくみつ・まさゆき）　テレビ、ラジオ、イベントの司会などで活躍。主な著作に岩井志麻子との共著「凶鳴怪談」シリーズ。

内藤　駆（ないとう・かける）　憑かれ体質の専門学校生。主な著作に『夜泣怪談』、共著に『現代怪談　地獄めぐり』など。

鳴崎朝寝（なるさき・あさね）　東京都出身。主な著作に『宵口怪談　無明』、松村進吉、丸山政也との共著に『エモ怖』がある。

ねこや堂（ねこやどう）　九州在住。実話怪談大会【超-1】よりデビュー。主な共著に「恐怖箱　百物語」シリーズなど。

服部義史（はっとり・よしふみ）　北海道出身。主な著作に『恐怖実話　北怪道』『蝦夷忌譚　北怪導』『実話怪奇録　北の闇から』。

原田　空（はらだ・そら）　埼玉県生まれ。二〇一七年より夏の『「超」怖い話　』〈十干〉シリーズに参加。主な共著に『「超」怖い話　丁』。

春南　灯（はるな・あかり）　北海道旭川市出身、札幌在住。怪談イベント『雑談怪談』主催。主な著作に『北霊怪談　ウェンルパロ』。

久田樹生（ひさだ・たつき）　作家。ルポルタージュ怪談のほか、ノベライズも手掛ける。主な著作に『小説版　樹海村』『社畜怪談』など。

菱井十拳（ひしい・じゅっけん）　ノンフィクション作家。主な著作に『羅刹ノ国　北九州怪談行』『怨霊黙示録　九州一の怪談』など。

響　洋平（ひびき・ようへい）　京都府出身。クラブDJ・ターンテーブリスト・怪談蒐集家。主な著作に「地下怪談」シリーズなど。

平山夢明（ひらやま・ゆめあき）　神奈川県出身。大藪晴彦賞ほか受賞歴多数。主な著作に『怪談遺産』『平山夢明恐怖全集』など。

深澤　夜（ふかさわ・よる）　栃木県出身。夏冬両方の「超」怖い話シリーズに参加。主な著作に『「超」怖い話　鬼胎』など。

真白　圭（ましろ・けい）　新潟県出身。第四回『幽』実話怪談コンテスト佳作入選。主な著作に「実話怪事記」シリーズなど。

松村進吉（まつむら・しんきち）　徳島県出身。「超」怖い話・五代目編著者。主な著作に『「超」怖い話ベストセレクション　奈落』など。

松本エムザ（まつもと・えむざ）　栃木県在住。バブル世代の残党として「エムザ」を名乗る。主な著作に『誘ゐ怪談』など。

丸山政也（まるやま・まさや）　第三回『幽』怪談実話コンテスト大賞受賞。主な著作に『信州怪談』、「奇譚百物語」シリーズなど。

三雲　央（みくも・ひろし）　実話怪談大会【超-1】参加をきっかけに怪談の執筆を開始。主な著作に『心霊目撃談　現』。

夜馬裕（やまゆう）　怪談師ユニット・ゴールデン街ホラーズの一員。怪談最恐戦二〇二〇・最恐位。主な著作に『厭談　祟ノ怪』など。

幽木武彦（ゆうき・たけひこ）　占術家、怪異蒐集家。主な著作に『算命学怪談　占い師の怖い話』『怪談天中殺　占い師の怖い話』。

吉田悠軌（よしだ・ゆうき）　文筆業を中心にTV映画出演、イベント等で活動。主な著作に『恐怖実話　怪の残滓』など。

渡部正和（わたなべ・まさかず）　山形県出身。二〇一〇年より冬の「超」怖い話に共著参加。主な著作に『「超」怖い話　隠鬼』など。

※五十音順

第一夜～第九十五夜、第九十八夜…竹書房公式noteにて連載
(2020年3月～2020年12月)
第二十二夜は『怪談最恐戦2020』(竹書房怪談文庫)にnote連載原稿を
加筆して「花束」として掲載。
第四十二夜、第五十一夜は『怪談忌中録　煙仏』(竹書房怪談文庫)に
note連載原稿に加筆して「仲良しの理由」「赤い女」として掲載。

第九十五夜～第九十七夜、第九十九夜…書き下ろし

黄泉つなぎ百物語

2021年8月5日　初版第1刷発行

著者……………………………ぁみ／我妻俊樹／雨宮淳司／伊計翼／壱夜／牛抱せん夏／営業のK／緒方あきら／小田イ輔／籠三蔵／加藤一／神沼三平太／川奈まり子／黒木あるじ／黒史郎／下駄華緒／郷内心瞳／小原猛／糸柳寿昭／匠平／神薫／朱雀門出／鈴木捧／住倉カオス／高田公太／橘百花／つくね乱蔵／戸神重明／徳光正行／内藤駆／鳴崎朝寝／ねこや堂／服部義史／原田空／春南灯／久田樹生／菱井十拳／響洋平／平山夢明／深澤夜／真白圭／松村進吉／松本エムザ／丸山政也／三雲央／夜馬裕／幽木武彦／吉田悠軌／渡部正和

デザイン・DTP　……………………………………………… 荻窪裕司(design clopper)

発行人……………………………………………………………………… 後藤明信
発行所…………………………………………………………………… 株式会社 竹書房
〒102-0075　東京都千代田区三番町８－１　三番町東急ビル６F
email:info@takeshobo.co.jp
http://www.takeshobo.co.jp
印刷所……………………………………………………………… 中央精版印刷株式会社